Schmutzige Witze

"Mama, könntest du mir bitte den Penis halten! Dann kann ich vielleicht besser einschlafen." Patrick schlief rasch ein. Die Mutter ging mit Alex in die Ferien. Die Mutter fragt die Großmutter: "Ob du den Pennis meines Sohnes halten könntest. Dann kann er nämlich besser einschlafen." Nach einer Woche kamen die Eltern nach Hause. Die Mutter fragt den Sohn: "konntest du gut einschlafen." Patrick antwortet: "Ja, ich konnte noch viel besser schlafen. Die Großmutter hat nämlich noch gezittert."

Hochzeitsnacht. Als es zur Sache gehen soll, sagt sie ihm, sie sei noch Jungfrau. Er nimmt seine Klamotten, zieht sich an und haut schreiend ab zu seinen Eltern. Sein Vater fragt: "Was machst Du hier, es ist Deine Hochzeitsnacht!" Er erklärt: "Vater, sie ist noch Jungfrau!" Darauf der Vater: "Du hast das einzig richtige gemacht. Wenn sie ihrer Familie nicht gut genug war, dann hat sie bei uns erst Recht nichts verloren..."

Eine Nonne steht am Straßenrand und will per Anhalter mitgenommen werden. Endlich hält ein Mercedes an und der Fahrer kurbelt das Fenster runter. Die Nonne steckt ihren Kopf rein und will grad etwas sagen, als der Fahrer das Fenster plötzlich wieder schließt und die Nonne mit dem Kopf eingeklemmt ist. Der Fahrer steigt aus stellt sich hinter die Nonne und nimmt sie von hinten. Als er fertig ist prahlt der Fahrer: "Ha! Wir Mercedes-Fahrer sind schon kluge Kerle, was?" Daraufhin die Nonne: "Wir Schwulen aber auch!"

Fritzchen kommt ins Schlafzimmer und sieht, wie Mami stöhnend auf Papa reitet. "Was macht ihr denn da?" Mama antwortet: "Ich massiere Papa gerade den Bauch weg!" Meint Fritzchen: "Das bringt doch nichts! Jeden Donnerstag kommt die Nachbarin und bläst ihn wieder auf!"

AF138744

Ein junges Pärchen will so schnell wie möglich heiraten. Sie besteht aber unbedingt auf einem AIDS-Test. Er geht zum Arzt und bittet um einen Soforttest. Der Arzt sagt ihm, dass es bis zum Ergebnis mindestens vier Wochen dauert. "Ich möchte aber nächste Woche heiraten. Gibt es da nichts Schnelleres?" "Doch, eine Möglichkeit gibt es, die aber nur zu 97 % Klarheit verschafft." "Welche denn?" "Sie gehen auf eine Weide mit vielen Schafen und holen Ihren Freund raus. Wenn die Schafe herankommen und genüsslich daran lutschen, sind Sie nicht infiziert." Wochen später trifft er den Arzt, der ihn fragt, wie es denn nun in der Ehe so geht. "Wieso Ehe? Ich bin jetzt Schäfer..."

Zwei schwule Radfahrer werden von einem Taxifahrer angefahren. Sagt der eine Schwule zum anderen:" Dieter, geh und hole die Polizei!" Sagt der Taxifahrer: "Ich gebe Euch 100 Euro wenn Ihr nicht zur Polizei geht!" Da wiederholt der Schwule ohne den Taxifahrer zu beachten: "Dieter, gehe und hol die Polizei!" Sagt der Taxifahrer: "Ich gebe Euch 1000 Euro wenn Ihr nicht zur Polizei geht!" Der Schwule beachtet den Taxifahrer immer noch nicht und sagt: "Dieter, gehe und hole die Polizei!" Dem Taxifahrer wird es zu blöd und er sagt: "Ach, leckt mich doch am Arsch!!" Darauf der Schwule: "Dieter bleib hier, er will verhandeln!"

"Du Papa, wie schreibt man Sex - mit x oder mit ks?" Papa: Mit x." "Du Papa, wie schreibt man Sperma - mit b oder mit p?" Papa: "mit p" "Du Papa, wie schreibt man Vorhaut - mit t oder mit d?" Papa: "Ja sapperlot noch mal, was schreibst denn Du da für einen Aufsatz mit 7 Jahren in der 2. Klasse?" "Unser Lehrer hat gesagt, wir sollen als Hausaufgabe einen Aufsatz über unseren Hund schreiben." Papa: "So, dann lies doch mal vor."
"Unser Hund ist Sex Jahre alt und wenn wir mit ihm fortfahren, sperma ihn hinten rein, damit es ihn beim Bremsen nicht vorhaut".

Die Familie betreibt eine Landwirtschaft. Weil die Kuh kalben soll, muss Heinz vorsichtshalber im Kuhstall schlafen. Auf dem Schulweg erzählt er dem Freund:
„Jetzt schlafe ich schon die zweite Nacht im Kuhstall, aber denkst du, dass Vieh will kalben?" - „Ist doch klar", erklärt Dieter wenn sie dich dort so da liegen sieht, denkt sie doch, sie hat schon gekalbt!"

"Also Mama" meint die Tochter, "das mit dem Befruchten habe ich jetzt verstanden. Papas Samen muss an eines deiner Eier kommen, und dann entsteht ein Kind. Aber was ich nicht verstehe: wie kommt denn der Samen bis an das Ei? Muss du den schlucken, wenn du ein Kind willst?" Da meint Papa aus dem Wohnzimmer: "Nee, schlucken muss sie ihn nur, wenn sie ein neues Kleid will."

Drei junge Männer werden des Nachts erwischt, als sie sich im Garten eines Nonnenklosters herumtreiben. Sie werden der Oberin vorgeführt. Diese fackelt nicht lange und sagt: "Das hat Konsequenzen. Wir werden euch eures besten Stückes entledigen, und zwar in der Art und Weise eures Berufes. Der erste Mann tritt vor: "Ich bin Holzfäller."
Daraufhin wird eine Axt geholt und das beste Stück abgehackt. Der zweite Mann tritt vor: "Ich bin Tischler." Die Nonnen holen einen Hobel und trennen das beste Stück ab.
Da tritt der dritte Mann vor, grinst und sagt: "Bei mir können sie lange lutschen, ich arbeite in einer Bonbonfabrik."

Eine Oma wird 100 Jahre alt. Es gibt eine große Geburtstagsfeier, sogar der Bürgermeister kommt und gratuliert. Auch ein Lokalreporter ist da und interviewt die Oma. Frech fragt er: "Mensch Omchen, wann haste eigentlich das letzte Mal Sex gehabt?" Sagt die Oma: "Neunzehnfünfundvierzig!" Antwortet der Reporter: "Mann, das ist aber lange her!" Antwortet die Oma: "Wieso, ist doch erst zwanzig Uhr!"

In der Warteschlange an der Bushaltestelle steht eine junge hübsche Dame. Sie ist mit einem ganz engen Lederminirock gekleidet und dazu passenden Lederstiefeln und Lederjacke. Der Bus kommt und sie ist an der Reihe. Als sie versucht, in den Bus zu steigen, merkt sie, dass sie wegen des engen Minirocks ihr Bein nicht hoch genug für die erste Stufe bekommt.

Es ist ihr zwar peinlich, aber mit einem kurzen Lächeln zum Busfahrer greift sie hinter sich, um den Reißverschluss an ihrem Minirock ein bisschen zu öffnen und so mehr Bewegungsfreiheit zu haben. Leider reicht dies aber noch nicht aus, um das Bein hoch genug für die erste Stufe zu heben.

Sie greift wieder nach hinten, um den Reißverschluss weiter zu öffnen, muss aber anschließend feststellen, dass sie immer noch nicht bis zur ersten Stufe gelangt. Sie lächelt dem Busfahrer noch einmal zu und öffnet den Reißverschluss, zum dritten Mal, noch ein bisschen weiter - vergebens, der Rock bleibt zu eng und die erste Stufe unerreichbar.

Da packt sie ein in der Warteschlange hinter ihr stehender Mann an der Hüfte und hebt das Mädchen grinsend auf die erste Stufe. Sie ist völlig empört und dreht sich um: "Wie können Sie es wagen mich anzufassen. Ich weiß ja nicht mal wer Sie sind!" Darauf er: "Normalerweise würde ich Ihnen zustimmen. Aber nachdem Sie jetzt dreimal meine Hose geöffnet haben, dachte ich, wir wären Freunde!!"

Kommt ein Mann in eine Polizeikontrolle. Der Polizist hält ihn an und will die Papiere sehen.
Polizist: "OK, sie können weiterfahren" Autofahrer: Was ist denn, warum diese Kontrolle?"
Polizist: "Wir suchen jemanden, der Frauen belästigt" Autofahrer ist zufrieden und steigt wieder ein und fährt weiter.
Nach 500 bremst er plötzlich, legt den Rückwärtsgang ein und fährt zurück.
Er kurbelt das Fenster herunter und meint zu dem Polizist: "ok, ich hab's mir überlegt, ich mach's"

Laufen zwei total Besoffene an einem Puff vorbei. Plötzlich lallt einer davon: "Stopp, ich sollte mal wieder dringend einen wegstecken."

Als er vor der Puffmutter steht und lallt, "bitte einmal mit allem", macht sich die Puffmutter Sorgen und denkt sich: "Eines meiner Mädchen kann ich dem nicht geben." Als sie aber genau sieht, wie besoffen der Kerl wirklich ist, kommt ihr eine Idee. Also geht sie schnell in die Abstellkammer und kramt eine Gummipuppe raus. Wieder bei dem Besoffenen, gibt sie ihm die Gummipuppe und sagt zu ihm: "So hier bitte, aber Vorsicht, sie ist neu hier und braucht noch etwas Führung." "Kein Problem", lallt der Besoffene und verschwindet mit der Puppe im Zimmer. Nach ca. 5 Minuten stürmt der Besoffene wie ein Wahnsinniger aus dem Zimmer. Wieder bei seinem Freund angekommen, fragt der ihn: "Was ist denn mit dir passiert, hast du ein Gespenst gesehen?"

"Nein, eine Hexe! Als ich mit der Nutte im Bett lag, war alles noch in Ordnung. Dann habe ich sie zuerst gestreichelt und geküsst. Aber als ich ihr dann in die Brustwarze gebissen habe, ließ sie einen lauten Furz los, flog drei bis vier Mal um die Lampe und dann zum Fenster heraus, es war schrecklich!"

Frau zum Frauenarzt: "Herr Doktor ich habe starke Unterleibsschmerzen."
"Lassen sie mal sehen... ganz klar - Sie haben zu wenig Sex. Aber ich kann Ihnen helfen."
Der Arzt zieht seine Hose runter und besorgt es der Frau. Danach schickt er sie zu seinem Kollegen einen Raum weiter, der soll sich das auch noch mal anschauen. Der Kollege hat dieselbe Diagnose und dieselbe Therapie. Auch dieser schickt sie zu seinem Kollegen ein
Raum weiter, damit der sich das noch mal anschaut. Die dritte Diagnose lautet: "Ganz klar sie haben zu viel Sex!"
"Aber ihre Kollegen haben gesagt, ich hätte zu wenig Sex!" -
"Ach junge Frau, hören sie doch nicht auf die Maler..."

Kommt ein Mann in die Apotheke, druckst ein wenig rum und fragt dann: "Haben Sie nicht mal ein bisschen andere Kondome - immer die gleichen, das ist doch langweilig."
"Freilich", sagt der Apotheker "ich habe hier ein ganz neues Sortiment mit Geschmacksrichtungen - Apfel, Banane, Rose..." Der Mann kauft die Kondome, geht nach Hause und überredet seine Frau zum Ausprobieren.
"Mhmmm", sagt seine Frau dann, "das hier schmeckt irgendwie nach Gorgonzola."
"Interessant" sagt er daraufhin, "ich habe doch noch gar keines an..."

Ein Junge geht am Samstag mit dem Vater in die große Stadt. Dort kommen sie am Puff vorbei, wo in großen Buchstaben steht: Freudenhaus. Der Junge fragt den Vater: "Papi, was ist ein Freudenhaus?" Oje denkt der Vater, was soll ich ihm nur sagen? "Also, mein Junge, das ist ein Haus, wo man Freude kaufen kann." Der Junge ist zufrieden und sie gehen weiter. Mit der Zeit wird der Junge immer ungeduldiger und der Vater immer genervter.
"Also gut", sagt der Vater, "hier hast du 20 Euro, geh ein Eis essen oder sonst was und in 2 Stunden treffen wir uns wieder am Auto, sonst krieg ich meine Besorgungen mit dir nicht gemacht."
"OK!", der Junge nimmt die 20 Euro. Und? Natürlich geht er ins Freudenhaus. Er kommt zur Puffmutter und sagt: "Ich hätte gerne Freude für 20 Euro gekauft." Die Puffmutter in ihrer Verlegenheit nimmt den Jungen mit in die Küche und schmiert dem Jungen 20 Marmeladenbrötchen und steckt die 20 Euro ein. 2 Stunden später treffen sich der Vater und der Junge am Auto. Der Vater fragt: "Und, hast du ein Eis gegessen?" Sagt der Junge: "Nee, ich war im Freudenhaus."
Der Vater total entsetzt: "Ja, was hast du da gemacht?"
Der Junge: "Na ja, die ersten zehn hab' ich noch geschafft, aber die anderen zehn hab' ich nur noch geleckt...

6

Bei Frau B. klingelt es an der Tür. Als sie öffnet, steht ein Mann draußen und fragt: "Haben Sie ein Geschlechtsorgan?" Empört schlägt sie die Tür wieder zu. Am nächsten Tag steht der gleiche Mann vor der Tür und fragt erneut: "Haben Sie ein Geschlechtsorgan?"
Die Frau bekommt es mit der Angst zu tun und erzählt die Geschichte am Abend ihrem Mann. Der ist außer sich, schimpft über die Unmoral der Menschen und beschließt, den Sittenstrolch zu überführen. Er bleibt den ganzen nächsten Tag zu Hause und legt sich auf die Lauer. Als es wieder klingelt, bezieht er hinter der Tür Stellung. Frau B. öffnet und wieder fragt der Fremde: "Haben Sie ein Geschlechtsorgan?"
Die Frau nimmt ihren ganzen Mut zusammen und antwortet: "Natürlich habe ich eines. Warum?" Meint der Fremde: "Dann bitten Sie doch Ihren Mann darum, ihres zu benutzen und nicht das von meiner Frau!"

Die Mutter klärt die Tochter auf: Dort wo der Samen reinkommt, kommt auch das Baby raus.
Entsetzt greift sich die Tochter an den Hals: Scheiße, das wird eng!

Ein Ehepaar aus der Stadt verbringt einen Urlaub auf dem Bauernhof. Eines Tages stehen sie zusammen mit dem Bauern an der Koppel und beobachten den Zuchtbullen beim Decken der Kühe. Fragt die Ehefrau den Bauern: "Sagen Sie mal, wie oft kann der eigentlich so am Tag?" Bauer: "Ooooch, wenn's sein muss, an die 20 Mal". Sie: "Hast Du gehört, Alter!?" Fragt er den Bauern: "Aber doch nicht immer mit derselben Kuh?" Bauer: "Nein, natürlich nicht." Er: "Hast Du gehört, Alte..."

Kommt eine Oma zum Metzger: "Ich hätt gern Salami". Fragt der Metzger: „Am Stück oder in Scheiben?" Reißt die Oma ihren Rock hoch und sagt: "Is dat ne Pussy oder 'n CD-Player???"

Johann Wolfgang von Goethe befand sich in vornehmer Gesellschaft und wurde vom Sohn der Gastgeber wie folgt angesprochen: "Hochverehrter Herr Geheimrat, auch wenn Sie Deutschlands Dichterfürst sind, möchte ich Ihnen dennoch die Wette anbieten, dass ich Ihnen zwei Wörter sagen kann, aus denen selbst Sie keinen Reim machen können."

Goethe antwortete: "Junger Mann, ich nehme diese Wette gerne an, nennen Sie mir die zwei Wörter." Der junge Mann sagte: "Die zwei Wörter sind HAUSTÜRKLINGEL und MÄDCHENBUSEN." Nachdem Goethe sich einige Minuten zurückgezogen hatte, lieferte als Beweis dafür, dass er tatsächlich Deutschlands Dichterfürst sei, das folgende Gedicht: "Die Haustürklingel an der Wand, der Mädchenbusen in der Hand sind beides Dinge wohlverwandt. Denn, wenn man beide leis' berührt, man innen drinnen deutlich spürt, dass unten draußen einer steht, der sehnsuchtsvoll nach Einlass fleht."

Fritzchen geht mit seinem Vater in den Park. Dort sieht er, wie es 2 Hunde miteinander treiben. Fragt Fritzchen den Vater: "Du Papa, was machen die da?" Der Vater überlegt kurz und Antwortet schließlich: "Die machen einen kleinen Hund."

Am Abend kann Fritzchen nicht einschlafen und geht ins Zimmer der Eltern. Doch die machen gerade Liebe. Da tritt Fritzchen ein und fragt seinen Vater: "Du Vati, was machst du da mit Mama?" Der Vater antwortet etwas beschämt: "Wir machen ein kleines Baby." Sagt Fritzchen: "Kannst du Mama nicht umdrehen, ich hätte lieber einen kleinen Hund!"

Ein Mann macht Urlaub auf einem Bauernhof. Gleich am ersten Tag sticht ihn eine Wespe in seinen Penis. Der Mann wendet sich an den Bauern und dieser rät ihm seinen Penis in Milch zu baden. Gesagt getan, er badet ihn in Milch. Zufällig kommt die 18 jährige Tochter des Bauern vorbei und schaut sich die Sache interessiert an. Da meint der Gast zu Ihr: "Hast Du sowas noch nie gesehen?" Sagt Sie: "Das schon, aber noch nie wie der wieder aufgetankt wird."

Ein Ritter reitet durch den Wald, plötzlich springt ihm ein Gnom in den Weg. Der Gnom meint: "Runter vom Pferd oder ich hau dich um!" Der Ritter glaubt seinen Ohren kaum und sagt: "Hör mal, ich bin ein Ritter und hau dir für diese Frechheit jetzt die Rübe runter!" Der Gnom: "Bitte, bring mich nicht um, ich erfülle dir auch drei Wünsche!" Der Ritter denkt sich, hört sich gut an, jedenfalls ist es einen Versuch wert: "OK!" Der erste Wunsch: "Ich möchte unsterblich sein!" Der Gnom: "So sei es!" Zweiter Wunsch: "Ich möchte, dass mein Pferd auch unsterblich ist, denn es ist ein gutes Pferd!" Der Gnom: "Auch das sei erfüllt!" Der Ritter überlegt... "Ich möchte so ein Teil wie mein Pferd!" Der Gnom: "So sei es!" Dann reitet der Ritter wieder zu seiner Burg. Dort wird ein rauschendes Fest gefeiert.
Der Ritter erzählt, was ihm gerade passiert ist: "Ich bin unsterblich!" Alles lacht... "Ich beweise es euch!" ... und sticht sich mit einem Messer 10mal ins Herz. Alle staunen nicht schlecht, der Ritter ist unsterblich. "Es kommt noch besser: Mein Pferd ist auch unsterblich!" Alles lacht... "Ich beweise es euch!" und schlägt mit seinem Schwert wie blöd auf sein Pferd ein. Alle staunen nicht schlecht. "Und jetzt das Beste: Ich habe so ein Teil wie mein Pferd!" Wieder lacht alles. "Ich beweise es euch!" sagt der Ritter und lässt die Hosen herunter. Wieder krümmt sich alles vor Lachen. "Warum lacht ihr, noch nie so ein Teil gesehen?!" "Nein, noch nie so eine Muschi gesehen!"

Auf der Entbindungsstation: Das Kind ist schwarz, semmelblonde Ostfriesenhaare, chinesische Schlitzaugen! Sagt die Hebamme zur Mutter: "Wissen Sie, es geht mich ja nichts an, aber an ihrer Stelle wäre ich in Zukunft beim Gruppensex vorsichtiger!" Die junge Mutter grinst: "Was ...

Herr Schmitz zum Arzt: "Herr Doktor, ich liebe mein Pferd." "Na und - jeder liebt sein Tier. Ist doch nur natürlich, dass sie ihr Pferd lieben." - "Herr Doktor - ich liebe mein Pferd auch physisch ...!"

"Oha ..., ist es ein Hengst oder eine Stute?" - "Eine Stute natürlich! Oder denken sie etwa, ich bin pervers ..."

Die junge Frau hat einen neuen Lover und schleppt ihn zum ersten Mal mit auf ihre Bude. Ohne Umstände schlägt sie im vor, "69" zu machen. "Was zum Teufel ist das denn?" fragt er. Da wird ihr schlagartig klar, dass der Typ wohl nicht der Erfahrenste ist und sie ihn behutsam in die Liebeskunst einführen muss. Also sagt sie erst einmal nur: "Du legst Deinen Kopf zwischen meine Beine und ich meinen zwischen Deine Beine!" Das versteht der Typ ohne Probleme - auch wenn er keinen blassen Schimmer davon hat, was das Ganze eigentlich soll. Als sie nun gerade in Position liegen, unterläuft der Lady ein grässliches Missgeschick - Ihrem Darm entweicht ein äußerst übelriechender Wind!!! Der arme Kerl fängt an zu husten und schmeißt sich röchelnd auf die andere Seite des Bettes. Sie bittet um Entschuldigung und schlägt vor, es noch einmal zu versuchen. Gesagt, getan. Nur, wie das Unglück es so will, wiederholt sich die Katastrophe. Der Typ läuft grün an, ihm wird völlig schlecht, mit letzter Kraft richtet er sich auf und beginnt sich anzuziehen. Sie fragt: "Was ist denn los, warum willst Du gehen?". Darauf er: "Wenn Du meinst, dass ich mir auch noch die restlichen 67 reinziehe, hast Du Dich aber schwer geschnitten!"

Amelie Müller sitzt am Heiligen Abend in der Wohnung und singt Weihnachtslieder. Plötzlich klingelt es an der Tür. Das Kind macht auf - und da steht der Weihnachtsmann. Weihnachtsmann: "Nun, mein Kind, willst du nicht wissen was ich schönes in meinem Sack habe?" Daraufhin rennt das Kind schreiend zu den Eltern und ruft: "Mutti, Mutti der Perverse vom letzten Jahr ist wieder da!"

Zwei Ski-Soldaten sind nach 2 Jahren Einsatz auf dem Weg in die Heimat. Fragt der eine: "Was machst Du als erstes, wenn du nach Hause kommst?" Der andere: "Als erstes werde ich es mit meiner Frau so richtig treiben!" - "Und danach?" - "Dann schnalle ich mir meine Skier ab..."

Ein Pärchen liegt im Wald und vögelt, sie oben er unten. Ein Jäger streift durch den Wald und hört durch die Büsche die Geräusche der beiden und glaubt es sei ein Wildschwein. Er schießt durch den Busch mit seiner Schrotflinte auf die beiden und trifft die Frau in den Hintern. Der Jäger erkennt seinen Fehler und läuft davon. Die Frau geht zum Arzt und lässt sich untersuchen: der meint dann: "2 Kugeln konnte ich entfernen die anderen beiden sitzen in der Gebärmutter und müssen rauswachsen". Sprung in der Geschichte - 16 Jahre später: Die Tochter kommt zur Mama und sagt: "Mama mir ist was Komisches passiert – ich sitze am WC und plötzlich höre ich ein Geräusch: Ping". Mama erinnert sich an die seinerzeitige Diagnose des Arztes und sagt "Keine Sorge das wird nicht mehr passieren". Einen Tag später kommt der 16jährige Sohn und sagt "Mama mir ist was komisches passiert". Mama erinnert sich an die Tochter und sagt ich weiß: "Du warst am WC und du hörst ein Geräusch"... der Sohn unterbricht "Nein, ich habe beim Wichsen den Kater erschossen…"

Ein Mann kommt in die Apotheke und verlangt vom Apotheker ein Kondom. Stolz erzählt er ihm: "Heute Abend bin ich bei meiner Freundin zum Essen eingeladen, danach läuft bestimmt noch was!" Nach zehn Minuten kommt er wieder und sagt: "Ich hätte gerne noch ein Kondom, grad hab ich von einem Kumpel erfahren das die Mutter meiner Freundin eine richtige Schlampe ist und es mit jedem macht! Ich schätze mal da geht heut Abend auch noch so einiges." Er bekommt das Kondom und geht. Abends dann bei seiner Freundin schaut er den ganzen Abend vor sich auf den Teller, und redet kein Wort mit den Eltern von ihr. Entrüstet sagt sie: "Wenn ich gewusst hätte das du so unfreundlich bist, dann hätte ich dich nicht eingeladen." Darauf erwidert er: "Hätte ich gewusst, dass dein Vater Apotheker ist, dann wäre ich auch nicht gekommen!"

Ein Trucker fährt genervt und gelangweilt über die A4. Als er rechts am Standstreifen ein rotes Männlein sieht hält er an und fragt "'Kann ich dir helfen?" darauf das rote Männlein "Ich hab Hunger, ich hab Durst und ich bin schwul!" Der Trucker zeigt sich hilfsbereit und gibt dem Männlein ein Brötchen, eine Flasche Wasser und einen Analfick.
Als der Trucker dann weiter fuhr stand nach 2 km ein blaues Männlein an der Straße und der Trucker hilft abermals an und fragte "Na wie kann ich dir denn helfen?" das Männlein "Ich hab Hunger, ich hab Durst und ich bin schwul!" Der Trucker natürlich hilfsbereit und gibt dem Männlein Brot, Wasser und einen Analfick.
Nach abermals 2 km fahrt stand ein grünes Männlein am Straßenrand und der Trucker hielt an, überlegte kurz und sagte "Na du Gaylord, willst du mal an meiner Laugenstange lutschen und mein Saft trinken, ich könnte dich auch in den Arsch pimpern...!" darauf räusperte sich das grüne Männlein und sagte "Aussteigen, Hände aufs Dach, Beine auseinander!"

"Papa, stimmt es, dass in einigen Teilen Afrikas die Männer ihre Frauen vor der Ehe nicht kennen?" "Das ist in jedem Land so, mein Sohn ..."

Ein Ehepaar will zum Fasching gehen. Sie haben sich schon Kostüme besorgt. Doch am betreffenden Abend hat seine Frau Kopfschmerzen, nimmt Kopfschmerztabletten und legt sich zu Bett. Der Mann muss allein gehen. Nach wenigen Stunden erwacht seine Frau und fühlt sich pudelwohl. Sie beschließt, doch noch zum Fasching zu gehen. Da ihr Mann ihr Kostüm nicht kennt, will sie ihn heimlich beobachten. Er tanzt und flirtet mit vielen Frauen. Daraufhin beginnt sie, mit ihrem Mann zu flirten. Schließlich lädt sie ihn in ein benachbartes Schlafzimmer ein und sie verbringen wilde Stunden. Anschließend geht sie nach Hause, setzt sich ins Bett und liest ein Buch. Als ihr Mann kommt, fragt sie ihn, ob er sich amüsiert hätte. Er antwortet: "Nein, ohne Dich habe ich keinen Spaß auf Partys."
"Hast Du getanzt?" - "Nein, ich habe ein paar alte Freunde getroffen und wir haben gepokert. Aber der Freund, dem ich mein Kostüm geliehen habe, hat sich köstlich amüsiert..."

Ein Geschäftsmann reißt in einer japanischen Disco eine hübsche Japanerin auf. Später in seinem
Hotel, sie sind gerade "voll dabei", schreit sie immer "hai to, hai to". Er denkt sich, na ja, die ist aber gut drauf und lobt mich ganz prima.
Am nächsten Tag spielt er mit seinem japanischen Geschäftspartner Golf und dem Japaner gelingt ein ausgezeichneter Schlag. Um den Japaner zu beeindrucken, versucht der Geschäftsmann sein frisch erworbenes Japanisch an den Mann zu bringen und sagt: "Hai to!" Darauf der Japaner: "Was heißt hier falsches Loch?"

Geht eine hochschwangere Frau zum Frauenarzt und will die Pille. Sagt der Frauenarzt: "Gute Frau, sie sind schwanger, sie brauchen keine Pille." Sagt die Frau: "Doch ich will unbedingt die Pille haben!" Da meinte der Arzt nur: "Na gut, ich verschreibe ihnen die Pille, aber um Gottes Willen wofür brauchen sie die?" Da sagt die Frau: "Mein Mann hat ein neues Loch gefunden, und ich habe Angst, dass ich einen Buckel kriege!"

In einer Kneipe kommt ein Mann zum Barmann und sagt: "Wetten dass ich von hier aus in ein Glas am anderen Ende der Theke pissen kann ohne das ein Topfen daneben geht. Um 500 Euro!!!"
Der Barmann schlägt ein und stellt das Glas auf. Der andere fängt an zu pissen und pisst alles voll. Die Theke, die Flaschen, den Spiegel und den Barmann. Der Barmann freut sich als er von dem Mann die 500 Euro bekommt. Was ihn aber ein bisschen wundert warum der Mann selber so froh ist. Er fragt: "Warum freust du dich?? Du hast gerade 500 Euro verloren." Darauf antwortet dieser: "Siehst du die große Gruppe da drüben beim Kicker? Ich hab mit jedem von denen um 500 Euro gewettet das ich hier alles voll pissen kann und du dich auch noch freust."

Andi zu seiner attraktiven Nachbarin an der Bar: "Ich wäre durchaus bereit, für eine Frau wie Sie 36 000 Euro pro Jahr auszugeben." Das zieht. Sie geht mit zu ihm, und eine halbe Stunde ist die Sache vollzogen: "So, hier hast Du 2,10 Euro. Und nun zieh Leine!" - "Sag mal, spinnst Du?", will die Frau wissen, "erst war von 36 Mille die Rede und jetzt...." Darauf er: "Pass' auf, das kann ich Dir genau vorrechnen: 36.000 im Jahr, das sind 3000 im Monat. Das macht rund 100 Euro am Tag, 4,20 in der Stunde. Und eine halbe Stunde warst du hier........"

Ein Bauern Ehepaar kommt zum Arzt. Der Bauer erklärt dem Arzt, dass im Bett gar nichts mehr abläuft. Da die Bäuerin sehr hübsch war sagte der Arzt "Na, dann werde ich ihnen mal zeigen wie das geht". Der Arzt zieht sich komplett aus und nimmt die Bäuerin durch wie es die Welt noch nicht gesehen hat. Diese schreit vor Lust. Als der Arzt fertig war sagte er zum Bauern, der die ganze Zeit daneben saß: "Sehen Sie, so funktioniert das!". Darauf der Bauer: "Alles klar - Aber muss ich da immer mitkommen?"

Die Freundin hilft dem Mann bei der Installation des neuen Computerprogramms. Während des Aufspielens des Programms kommt der Hinweis, ein neues Passwort einzugeben. Der Mann ist sehr verliebt und eindeutig in zärtlicher Stimmung. Um seine Freundin zu verblüffen, gibt er folgendes Passwort ein: "Penis" Als die Freundin die Antwort des Computers liest, fällt sie vor Lachen fast vom Stuhl. "Passwort zurückgewiesen - nicht lang genug ..."

Zwei Freunde fahren mit ihren frisch Vermählten auf Hochzeitsreise. In der Hochzeitsnacht treffen sich die beiden auf dem Balkon. Fragt der eine: "Na wie war es?" Der andre meint: Ach meine Frau liegt auf dem Bett und raucht." Sagt der erste: Oh mein Gott, bei meiner ist es nicht so schlimm, die ist nur ein bisschen wund."

Peter besucht seinen Arbeitskollegen, der letzte Woche vom Dach gefallen war und nun von der Hüfte abwärts in Gips steckt. Nur die Füße schauen unten raus. "Ich friere so", jammert er, "Geh doch bitte rauf ins Schlafzimmer und hol mir meine Hausschuhe". Peter geht hinauf und trifft oben die wundervoll gewachsenen 25-jährigen Zwillingstöchter seines Arbeitskollegen. "Hallo, Mädels", sagt er, "euer Vater hat mich raufgeschickt, damit ich euch beide richtig durchbumse!" "Lüge, Unverschämtheit!", kreischen die beiden. "Na gut", sagt Peter, "wenn ihrs nicht glaubt....... "Er ruft die Treppen runter: "Beide?" „Und der Eingegipste schreit zurück: "Natürlich beide!!"

Ein älterer Herr kommt in ein Bordell und erkundigt sich nach den Preisen. "100 EUR wenn du es ordentlich im Bett willst, 50 EUR wenn du es im Stehen machst und für 10 EUR gibt es die Nummer auf dem Teppich." Der Opa zückt einen hunderter. Da fragt die Puffmutter: "Noch eine ordentliche kleine letzte Nummer im Bettchen?" Dann antwortet der Opa: "Nix da, 10 mal auf dem Teppich"

Eine Mutter fährt mit Ihrer 8-jährigen Tochter im Bus. An einer Haltestelle stehen einige Nutten und halten nach Kundschaft Ausschau. "Mami, was sind das da für Frauen?" "Das sind Ehefrauen, die auf Ihre Männer warten!" Dreht sich der Busfahrer rum und sagt: "Erzählen Sie dem Kind doch nicht so eine Scheiße! Das sind Nutten, die für Kohle ficken!" "Mami, wenn die ficken, dann kriegen die doch auch Babys. Was wird denn aus denen?" Sagt die Mutter: "Busfahrer!"

Die Kinder sollten als Hausaufgabe einen Vogel malen. Die Lehrerin schaut das Bild von Fritzchen verwundert an: "Sag mal, dein Vogel hat ja weder Beine noch Schwanz! Warum?" Da fängt der Kleine an zu heulen: "Ach Frau Lehrerin, nun fangen Sie nicht auch noch an. Als ich meine Mama fragte, wo man beim Vögeln die Beine hinmacht, hat sie mir so eine geknallt, dass ich gar nicht mehr fragen mochte, wo beim Vögeln der Schwanz hingehört ..."

Ein gutaussehender Mann geht in eine Bar. Am anderen Ende des Tresens sitzt eine sehr attraktive Frau und beobachtet ihn, wie er alle naselang auf seine teure, dicke Armbanduhr schaut. Da er ihr gefällt, geht sie rüber und fragt: "Na, hat sich Ihre Verabredung verspätet?" "Nein, nein", meint er, "das ist eine ganz besondere Uhr, die kann per Telepathie mit mir sprechen!" "Ah ja, - und was erzählt die Uhr Ihnen so?" "Sie hat mir gerade gesagt, dass Sie keine Unterwäsche tragen." Die Frau wird ein wenig Rot: "Ach, natürlich habe ich Unterwäsche an, die Uhr muss kaputt sein!" "Nein", sagt der Mann, "kaputt ist sie bestimmt nicht, kann aber sein, dass sie eine Stunde vorgeht.

Ein Mann wacht eines schönen Morgens nach einer völlig durchzechten Nacht auf. Er erinnert sich an nichts mehr und seine Wohnung sieht aus wie nach einem Bombeneinschlag. Er steht auf und entschließt sich ins Badezimmer zu gehen, auf dem Weg dorthin greift er in seine Linke Tasche und findet darin einen Tanga Größe 38. Er denkt sich "Muss ja n netter Abend gewesen sein." Als er zwei Schritte weitergeht bemerkt er etwas in seiner rechten Tasche. Als er hineingreift findet er einen BH, Körbchen Größe C. Er denkt sich "Muss ja n echt geiler Abend gewesen sein!" Mittlerweile ist er im Bad angekommen, und als er in den Spiegel schaut bemerkt er dass aus seinem linken Mundwinkel ein blauer Faden heraus hängt. Er faltet die Hände und betet "Lieber Gott, lass es einen Teebeutel sein."

Eine Mutter fragt ihren 10 Jahre alten Sohn, ob er über die Vögel und die Bienen Bescheid wisse. "Ich will es gar nicht wissen!" sagt das Kind und bricht in Tränen aus. Völlig durcheinander fragt die Mutter ihren Sohn was los sei. "Oh Mama, „ jammert er, "als ich 6 war hieß es, es gibt keinen Nikolaus. Als ich 7 war, hieß es, es gibt keinen Osterhasen. Dann, als ich 8 war, hieß es, es gibt keine Zahnfee. Wenn du mir jetzt auch noch sagst, dass Erwachsene nicht vögeln, dann gibt es ja überhaupt nichts mehr, für das sich das Leben lohnt!!!"

Ein junger Medizinstudent macht mit einem Arzt seinen ersten Rundgang durch ein Krankenhaus. Als sie an einem Zimmer vorbeigehen, sieht er wie ein Mann ununterbrochen masturbiert. "Was ist denn mit DEM los?", fragt der Student. "Tja, sein Problem ist, dass seine Eier viel zu viele Spermen produzieren. Wenn er aufhört zu wichsen, explodieren sie." Wow! Denkt sich der Student.
Ein bisschen weiter den Gang hinunter schaut er in ein Zimmer und sieht, wie eine Krankenschwester mit einem Patienten auf dem Bett liegt und ihm einen bläst. "Was hat denn DER?", fragt der Student. Der Arzt antwortet: "Gleiches Problem, aber der ist privat versichert!!!"

Drei alte Frauen gehen ins Schwimmbad. Als die erste schwimmt, holt sie der Bademeister zu sich und fragt sie, warum sie so gut schwimmen könne. Die Frau antwortet, dass sie früher Clubmeisterin gewesen sei. Auch als die zweite alte Frau schwimmt, holt der Bademeister sie zu sich und fragt auch sie warum sie so gut schwimmen könne. Die Frau antwortet, sie sei einmal Landesmeisterin gewesen. Als die dritte Frau schwimmt, ist der Bademeister sehr beeindruckt und sagt, sie sei die beste Schwimmerin, die er je gesehen habe. Daraufhin lacht die alte Frau und sagt: "Ich war ja früher auch Prostituierte in Venedig und habe fast nur Hausbesuche gemacht.

Der Bauer kommt früher als vereinbart nach Hause zurück und erwischt seine Frau mit dem Knecht im Bett. Er schlägt ihn K.O. Als der Knecht wieder zu sich kommt, liegt er in der Scheune auf einer Werkzeugbank, ist splitternackt und sein bestes Stück ist in einem Schraubstock eingeklemmt. Verwirrt blickt er sich um und sieht wie der Bauer ein Messer wetzt. Entsetzt schreit er: "Um Himmelswillen, Sie werden IHN mir doch nicht abschneiden?" Dreckig grinsend legt der Bauer das Messer neben den Knecht und sagt: "Nee, das darfst Du schon selber machen. Ich geh jetzt raus und zünde die Scheune an!"

Ein Anruf mitten in der Nacht beim Arzt: „Herr Doktor, kommen sie schnell, unsere Tochter hat ein Kondom verschluckt" Der Arzt beeilt sich, in die Klamotten zu kommen. Gerade als er sein Haus verlassen will, klingelt das Telefon noch mal. Es ist wieder die Frau und sie sagt: „Herr Doktor, es ist alles in Ordnung, mein Mann hat noch eines gefunden..."

Der Vater liegt im Bett und ruft seinen Sohn zu sich. "Geh mal zur Mama und sage ihr, dass das Zirkuszelt steht und ich nur noch auf den Bären warte." Der Sohn geht zur Mutter und übermittelt des Vaters Botschaft. Darauf die Mutter:" Sag Papa, dass die Vorstellung abgeblasen werden muss. Der Bär hat Nasenbluten."

Zwei Männer sind in der Wüste und haben furchtbar Hunger. Da kommen sie an ein Haus, eine alte Frau öffnet ihnen. Sie meint, dass sie was zum Essen kriegen, wenn sie es mit ihr tun. Nach langem Überlegen stimmen die Männer schließlich zu und der erste geht mit ihr ins Schlafgemach. Als beide nackt sind merkt er, dass sie ja schon so alt ist und die ganzen Falten und so..., also verwendet er einen Maiskolben und als sie fertig sind wirft er ihn schnell aus dem Fenster. Wie versprochen kriegt er was zum Essen. Dann geht er raus und schickt den anderen rein. Der aber meint freudig:" Ne danke, ich hab grad einen Maiskolben mit ganz viel Schmalz und Butter gefunden.

Fritzchen spielt mit der Eisenbahn. "Bitte einsteigen! Die Kinder in die Mitte, die Männer nach hinten und die Schlampen nach vorne!" ruft er laut. Als das die Mutter in der Küche hört schimpft sie: "Eine Stunde Spielverbot!" Eine Stunde später spielt Fritzchen wieder mit der Eisenbahn und sagt: "Die Kinder in die Mitte, die Männer nach hinten und die Frauen nach vorne!" - "Na also!" sagt die Mama, "Es geht doch!" Darauf Fritzchen "... und wegen der Schlampe in der Küche haben wir jetzt eine ganze Stunde Verspätung!"

Warum schmeckt die Muschi nicht süß? Damit sie auch Diabetiker lecken können...

Ein Kind kommt verstört zu seiner Mutter: "Mama, ich hab gesehen, wie der Papa dem Dienstmädchen einen Kuss gegeben und sie angefasst und gestreichelt hat, und dann trug er sie auf den Schreibtisch und steckte ihr seinen.." Die Mutter unterbricht das Kind: "Das ist ja unerhört! Kind, ich möchte, dass Du genau diese Geschichte heute Abend erzählst, wenn die gesamte Verwandtschaft zu Besuch kommt. Das sollen alle erfahren!" Am Abend vor versammelter Verwandtschaft erzählt das Kind die Geschichte erneut: "... und dann fasste der Papa das Dienstmädchen an, trug sie auf seinen Schreibtisch und steckte ihr seinen... Mama, wie heißt denn das, was Du von Papas Chauffeur immer in den Mund nimmst...?"

Ein Schwarzer geht in den Puff. Als er sich vor der Nutte auszieht und sie sein riesiges Teil sieht greift sie in ein Pöttchen mit Vaseline um sich geschmeidiger zu machen. Da nimmt der Schwarze seine Armbanduhr ab und schnallt sie um den Penis. Die Nutte fragt: "Was soll denn das???" Darauf er: "Wenn du machen Glatteis, ich ziehen Schneekette auf!"

Oma war beim Arzt und der Herr Doktor hat ihr Zäpfchen verschrieben. Aber Oma kommt nicht mehr hinten ran und bittet deshalb den kleinen Enkel Hansi ihr das Zäpfchen einzuschieben. Sie bückt sich, aber Hansi zögert. Oma: "Schieb es einfach in das Loch! Ist doch nicht so schwer." Hansi: "In welches, Oma? Das mit dem braunen Rand, oder das, wo der Truthahn rausschaut?"

Zwei befreundete Ehepaare spielten an einem Abend zusammen Karten. Horst fiel zwischendurch eine Karte zu Boden. Als er sich danach bückte, bemerkte er, dass Dagmar, Antons Frau, die Beine weit gespreizt hatte und keine Unterwäsche trug! Horst ließ sich natürlich nichts anmerken. Später, als Horst in die Küche ging, um Getränke zu holen, folgte ihm Dagmar und fragte: "Hast du vorhin unterm Tisch etwas gesehen, das dir gefallen hat?"
Horst, überrascht von ihrer Offenheit, bejahte und sie sagte: "Du kannst es haben. Es kostet allerdings 500 Euro". Nachdem Horst seine finanzielle Situation geprüft und alle moralischen Bedenken abgelegt hatte, ging er auf den Deal ein. Dagmar erklärte ihm, dass ihr Ehemann Anton freitags immer etwas länger arbeiten würde und Horst um 14:00 Uhr bei ihr vorbeischauen sollte. Natürlich war Horst pünktlich, gab ihr 500 Euro und die beiden vögelten etwa eine Stunde lang. Um 15:30 Uhr war Horst wieder weg. Anton kam wie üblich um 18:00 Uhr nach Hause und fragte seine Frau: "War Horst heute Nachmittag hier?" Dagmar war geschockt, aber antwortete ruhig: "Ja, er war heute Nachmittag für ein paar Minuten hier." Ihr Herz raste wie verrückt, als Anton nachfragte: "Und hat er dir 500 Euro gegeben?" Dagmar dachte, das ist das Ende, setzte ein Pokerface auf und sagte: "Ja, er hat mir 500 Euro gegeben." Anton lächelte zufrieden und sagte: "Gut. Horst kam nämlich heute Morgen bei mir im Büro, um sich 500 Euro bei mir zu leihen. Er versprach, dass er heute Nachmittag bei dir vorbeischauen würde, um das Geld zurückzubezahlen."

Unterhalten sich zwei Freundinnen "Du stell Dir vor, neulich komme ich nach Hause und erwische meinen Mann in der Küche wie er sich einen runterholt" Darauf die Freundin "Nee, ne und was hast du dann gemacht?" "Was schon, ich habe ihn in den Mund genommen und es runter geschluckt – oder meinst Du ich hatte Lust die ganze Küche zu putzen?"

Ein Mann sitzt mit seinem Dackel im Cafe. Eine Blondine setzt sich dazu und bewundert den schönen Hund. Der Mann erklärt ihr, dass der Hund besonders klug sei und sogar Mathematik beherrscht. Er bietet ihr eine Kostprobe an und stellt dem Hund folgende Frage: "Wieviel ist 4x3?" Der Hund klopft mit der rechten Vorderpfote 12-mal auf das Pflaster. Nach ein paar weiteren Tests erklärt er der Frau, dass der Hund auch nach Aufforderung lieben könnte und bietet ihr den Beweis in einer gegenüberliegenden Pension an. Die Blondine stimmt zu, geht mit in die Pension, lege sich aufs Bett und wartet. Der Hundebesitzer fordert den Dackel auf den Beweis anzutreten...nichts. nochmal...nichts. Der Mann wird sauer, knöpft die Hose auf und ruft dem Dackel zu: "So jetzt zeig ich dir's das letzte Mal......"

Ein Mann kommt in den Puff. Es ist Stromausfall, er sieht nichts. Also fängt er an zu tasten. Er findet etwas und denkt sich: Warm, weich, feucht, haarig! Und rammelt rein. Als er aus dem Puff geht kommt ein bärtiger Mann hinter ihm her: "Bah, wenn ich die Sau erwische!"

Sitzen drei Iren im Pub. Auf einmal kommt ein Mann rein, deutet auf einen der Drei und ruft: "Ich hab deine Mutter gebumst!" Der Ire dreht sich um, guckt sich den Mann an und dreht sich dann wieder seelenruhig zum Tresen um sein Bier weiter zu trinken. Nach einer halben Stunde kommt der Mann erneut in den Pub, deutet wieder auf den Iren und ruft: "Deine Mutter ist der beste F*** der ganzen Stadt!" Und wieder bleibt der Ire unbeeindruckt am Tresen sitzen. Eine halbe Stunde später kommt der Mann wieder in den Pub und ruft:" Heute Nacht werde ich deine Mutter wieder bumsen!" Da steht der Ire auf nimmt den Mann auf die Schulter und sagt: "Mensch Papa, du bist total besoffen, ich bring dich jetzt nach Hause!"

Wer Schwänze lutscht und Mösen leckt, der weiß auch wie MC Donald schmeckt. Kraul mir den Sack und lutsch mein Ding ich schwör das schmeckt wie Burger-King

Manfred sitzt im Cafe und hat schnell bemerkt, dass das Mädchen ihm gegenüber keinen Slip anhat. Geschickt zieht er sich Schuhe und Socken aus und fängt mit seinem großen Zeh an, bei dem Mädchen zu spielen. Eine Woche später muss er zum Arzt, weil er ein Jucken am Zeh verspürt. Der Arzt untersucht ihn und sagt: "Tja, tut mir leid, aber Sie haben Tripper am Zeh." Manfred: "Aber Herr Doktor, sowas gibt es doch gar nicht!" "Haben Sie eine Ahnung, gestern war nämlich ein Mädchen hier, die hatte Fußpilz an ihrer Muschi

Eine Blondine, eine Brünette und eine Rothaarige steigen in den Aufzug und entdecken einen Spermafleck auf dem obersten Etagenknopf. Die Brünette tippt mit dem Finger auf den befleckten Knopf, steckt ihn in den Mund und meint nach kurzem kosten "Hm, nein, niemand aus meiner Abteilung." Die Rothaarige tut es ihr gleich und meint "Hm, nein – keiner aus meiner Etage." Nun ist die Blondine dran. Nach kurzem Zögern sagt sie "Nee, ist keiner aus unserer Firma!"

Ali ruft morgens früh seinen Chef an: "Du Chef, kann heute nicht zur Arbeit kommen. Ich habe fürchterliche Kopfschmerzen." Sagt der Chef: " Ach Ali, ich gebe dir einen Tipp. Immer wenn ich Kopfschmerzen habe, fahr ich zu meiner Frau und Pop sie ordentlich durch. Danach sind die Kopfschmerzen weg und ich kann gut gelaunt zur Arbeit gehen." "O.K. Chef, probiere ich aus." Zwei Stunden später erscheint Ali auf der Arbeit. Als der Chef ihn sieht: "Na Ali, hat geklappt, wie?" "Ja Chef, danke. Aber eins muss ich noch sagen. Schönes Haus hast du."

Kommt eine Frau zum Frauenarzt und sagt: "Herr Doktor, Herr Doktor, ich bekomme meinen Vibrator nicht mehr raus." "Kein Problem", meint dieser, "setzen Sie sich hier in den Stuhl." Sie setzt sich in den Frauenarztstuhl und macht die Beine breit. Der Doktor puhlt drin rum und macht und tut. Nach zehn Minuten sagt er: "Gute Frau, ich krieg ihn auch nicht raus, aber ich hab ihn so hingedreht, dass Sie die Batterien wechseln können..."

Ein verheirateter Mann hat eine Affäre mit seiner Arbeitskollegin. Sie treffen sich an einem Samstag-Mittag für eine schnelle Nummer bei ihr in der Wohnung. Der Sex ist jedoch so gut und heftig, dass beide nach dem Akt einschlafen und erst spät am Abend wieder aufwachen. Der Mann schmeißt sich völlig unter Zeitdruck in seine Klamotten und ruft seiner Geliebten zu, dass sie seine Schuhe noch schnell im Garten mit Erde und Gras einreiben soll.
Zu Hause angekommen erwartet ihn schon seine Frau. Sie fragt verärgert: "WO BIST DU SO LANGE GEWESEN?" Er antwortet: "Ich kann dich einfach nicht belügen. Ich hatte den ganzen Nachmittag lang Sex mit einer Arbeitskollegin."
Seine Frau mustert ihn von oben bis unten und sieht seine Schuhe:" DU ELENDER LÜGNER! DU HAST SCHON WIEDER GOLF GESPIELT!"

Unterhalten sich zwei Frauen: "Mein Mann wird immer geiler. Beuge ich mich neulich über eine Tiefkühltruhe, da hebt er meinen Rock hoch und nimmt mich von hinten. Mein Gott, habe ich gestöhnt und geschrien." Die andere: "Ja und ? Das ist doch super, das hat meiner auch schon gemacht." Die erste: "Aber doch nicht im Aldi !"

Geht ein Mann in eine Kneipe, legt einen Zehner auf die Bar und bestellt 10 Korn. Er kippt sie schnell in sich rein, will gehen, fällt die Treppe runter und ist bewusstlos. Da kommt ein Schwuler vorbei, ergreift die Gelegenheit und nimmt ihn von hinten. Hinterher hat er ein schlechtes Gewissen und Steckt ihm einen Zehner in die Hemdtasche.

Als der Mann am nächsten Morgen aufwacht, geht er wieder in die Kneipe, knallt den Zehner auf die Bar und bestellt zehn Schnäpse. Er kippt sie runter, bei Rausgehen fällt er wieder die Treppe runter. Als er bewusstlos auf der Straße liegt, kommt der Schwule wieder vorbei und nimmt ihn wieder von hinten. Auf Grund seines schlechten Gewissens steckt er ihm einen Zehner in die Hemdtasche.

Als der Mann erwacht, geht er in die Kneipe und gleich an die Bar. Der Barkeeper frag: Wollen sie wieder 10 Schnäpse? Der Mann sagt: Nein danke, davon brennt mein Arsch immer so

Eine Frau lässt sich von ihrem Arzt ein Mittelchen für ihren Mann geben, weil der im Bett nicht mehr so richtig will. "Am besten" sagt der Arzt, "mengen Sie es Ihm ins Essen." "Hm" denkt sich die Frau, "in der Suppe fällt es ihm bestimmt nicht auf." Als ihr Mann abends von der Arbeit kommt, empfängt sie ihn mit der Frage: "Liebling - möchtest du heute Suppe essen?" "Nein" sagt er, "ich hab eigentlich mehr Lust auf Würstchen."

Die Frau ist natürlich nicht auf den Kopf gefallen und mischt das Zeug in den Senf. Sie stellt ihrem Mann das Essen hin, geht ins Schlafzimmer, zieht sich aus und legt sich ins Bett. Nach wenigen Minuten vernimmt sie lautes Gelächter aus der Küche. "Schatz, komm her und sieh dir das an!", ruft ihr Mann, "jedes Mal, wenn ich das Würstchen in den Senf tunke, zieht sich die Pelle zurück...."

Ein bereits lange verheiratetes Paar: Noch einmal möchte die Frau Ihren Mann verführen und betritt splitternackt das Schlafzimmer, in welchem ihr Mann bereits im Bett liegt. Mit verführerischer Stimme fragt sie ihn: " Schatz, was hast du damals gedacht, als ich zum ersten Mal so splitternackt vor dir stand?" Ihr Mann Antwortet:" Als ich dich zum ersten Mal so, wie Gott dich schuf, vor mir stehen sah, dachte ich mir, dass ich deine Brüste aussaugen und dir den Verstand rausbumsen möchte."
Nun fragt die Ehefrau, zitternd vor Erregung: "Und? Was denkst du heute?" Darauf der Mann: "Ich glaube das ist mir ganz gut gelungen."

Eine Frau möchte ihrem Mann, welcher ein großer Fan von Brigitte Bardot ist, ein besonderes Geschenk zum Geburtstag machen. Kurzentschlossen lässt sie sich die Initialen von Brigitte Bardot auf den Po tätowieren. Ein B auf die linke und ein B auf die rechte Pobacke. Zu Hause angekommen möchte sie ihm das Geschenk präsentieren, zieht sich die Hose runter und streckt ihm ihren Po entgegen. Verwundert fragt ihr Mann:" Wer zur Hölle ist Bob?"

Der Chef von Aldi fällt tot um – Herzinfarkt. Vor der Himmelspforte angekommen mustert ihn Petrus und sagt "Du kommst hier nicht rein!" Der Aldi-Chef bleibt ganz traurig zurück. Da erscheint eine frisch verstorbene Nonne und fragt ihn, warum er so traurig ist. Der Aldi-Chef klagt sein Leid und die Nonne sagt ihm Hilfe zu. Sie hebt ihr Gewand und sagt "los, Versteck Dich darunter." Als die Nonne nun lächelnd die Himmelspforte passiert vernimmt Petrus ein schmatzendes Geräusch und hält die Nonne an. Sein Ohr wandert dem Geräusch folgend in Richtung Schoss der Nonne. Petrus deutet ihr, das Gewand zu heben, da erblickt der den Aldi-Chef wie er die Nonne mit dem Mund verwöhnt. Darauf Petrus: "ich dachte du bist der Chef von Aldi – sieht mir aber eher so aus, als wärest du der Chef von Schlecker!"

Zwei Bürodamen unterhalten sich übers Wochenende, wann sie mit ihrem Mann Sex gemacht haben und wie aufregend das war. Als der Chef dies mitbekommt, ermahnt er jede von ihnen, nie wieder dieses Wort auszusprechen. Also denken sich die Bürodamen einfach ein neues Wort für Sex aus: "Lachen". Wieder montags. Die eine erzählt: "Am Wochenende habe ich mit meinen Mann zusammen gelacht, das glaubst du gar nicht. Das war vielleicht aufregend!" Darauf die andere: "Ach du hast es gut, bei mir war es nicht so toll. Am Freitag wollte er aber ich nicht. Am Samstag habe ich mich extra schön angezogen und alles romantisch eingerichtet, da wollte er wiederum nicht. Als ich dann aber Sonntag zufällig in Schlafzimmer kam, stand der alberne Kerl doch da und lachte sich eins ins Fäustchen..."

Sitzt eine alte Dame in der Straßenbahn, legt auf dem Nachbarsitz ihre Einkaufstüte ab. An der nächsten Station steigt ein junger Mann ein. Er ist im Begriff, sich auf die Tüte zu setzen, als die alte Dame in höchsten Tönen schrie: "Achtung, junger Mann, die Eier!" "Oh, gnädige Frau, haben Sie Eier in der Tüte?" - "Nee", meint die alte Dame, "Stacheldraht!"

Ein Mann macht Ferien auf dem Bauernhof. Eines Morgens sieht er zufällig, wie der Knecht auf den Hof kommt, der Bäuerin untern Rock langt, sich dann auf den Traktor setzt und davonfährt. Am nächsten Morgen liegt der Feriengast wieder auf der Lauer und - sieh da! - das gleiche Spielchen. So geht das jeden Morgen. Am Tag seiner Abreise beschließt der Mann, den Bauern über die Seitensprünge seiner Frau aufzuklären. "Bauer, deine Frau geht fremd!" "Wie kommen Sie denn darauf?" "Na - der Knecht langt ihr jeden Morgen untern Rock, bevor er mit dem Traktor auf dem Acker fährt!" "Ach - wissen Sie" lacht der Bauer, "meine Frau hat ein Holzbein und an dem hängt der Traktorschlüssel."

Frauchen steigt aus der Badewanne, rutscht aus und die Schnecke saugt sich am Boden fest. "Ich hole sofort einen Doktor" sagt der bestürzte Ehemann und hechtet sich ans Telefon... Der Notarzt kommt und stellt fest: "Wir müssen hier den Fußboden rundherum aufhacken, um Ihre Frau wieder freizubekommen!". Der Mann fängt an zu jammern: "Um Gottes willen, der qm kostet hier 73 Euro!". Der Notarzt überlegt und sagt dann: "Fassen Sie Ihre Frau mal ein bisschen an die Titten, dann wird die Schnecke feucht und sie können sie in die Küche schieben - dort war der Fußboden bestimmt nicht so teuer...

Hygienekontrolle beim Bund. Der Hauptmann steht vor den Rekruten und brüllt: "Hosen runter!" Dann geht er zum ersten und kommandiert: "Vorhaut zurück, Vorhaut vor!" Beim zweiten: "Vorhaut zurück, Vorhaut vor!" Beim dritten: "Vorhaut zurück, Vorhaut vor!" Beim 99sten angekommen, kommandiert er: "Vorhaut zurück". Darauf verdreht der Rekrut seine Augen und schleudert ein schleimiges Etwas auf die Uniform des Hauptmanns. Der Hauptmann: "Sie altes Schwein, Sie können mich doch nicht einfach anwichsen!" Antwortet der Rekrut: "Entschuldigung Herr Hauptmann, habe die Übung von Anfang an mitgemacht."

Kommt ein Seemann nach langer Fahrt wieder nach Hause zu seiner Frau. Während seiner Seereise hat er sich eine nackte Frau links auf seinen Oberarm tätowieren lassen. Als seine Frau das sieht, fängt sie an zu fluchen und sie sagt ihm, dass er wieder aufs Meer solle. Nach 3 Monaten kommt er wieder zurück. Währenddessen hat sich seine Frau jeweils einen Männerkopf auf jede Brust tätowieren lassen. Sie öffnet stolz beim zu Bett gehen ihre Bluse, und auf einmal fängt ihr Mann laut an zu lachen. Verdutzt fragt die Frau, was er denn hätte. Sagt er: " Was meinst du, was die in ein paar Jahren für lange Gesichter machen...!"

Abends im Ehebett flüstert der Börsenmakler seiner schönen jungen Frau ins Ohr: "Die Aktien steigen. Der Kurs ist fest". Sie räkelt sich. "Nein, die Börse ist heute geschlossen." Missmutig dreht er sich auf die Seite, aber seine Frau lässt sich die Sache noch einmal durch den Kopf gehen und turtelt dann: "Schatz, die Börse hat ihre Pforten doch noch geöffnet. Ich nehme die Aktien zu Höchstwert." "Zu spät", knurrte der Makler. "Ich habe sie schon unter der Hand verschleudert."

Egon tanzt mit Eva ganz eng. Plötzlich greift Eva sich in den Ausschnitt, holt ihre rechte Brust heraus und fragt ihren Tänzer: "Ist die etwa platt?" "Nein, nein" stammelt der. Daraufhin holt sie die andere heraus, hält sie ihm hin und fragt: "Und, ist die etwa platt?" Egon wird krebsrot und schüttelt den Kopf. "Also bitte, dann können Sie ja Ihren Wagenheber auch wieder einziehen!"

Ein junger Mann beichtet dem Pfarrer, er habe gegeigt. Das sei keine Sünde, meint der Pfarrer. Ein zweiter Mann beichtet ebenfalls, er habe gegeigt. Und auch ein dritter und ein vierter. Alle entlässt der Seelsorger ohne Busse. Anschließend beichtet ein junges Mädchen: "Ich habe mich geigen lassen!" Da stürmt der Seelsorger aus dem Beichtstuhl und brüllt: "Das ganze Streichorchester nochmals zurück zu mir!"

Zwei Lokführer treffen sich nach der Schicht. Einer erzählt: "Mensch, da ist mir ja heute was passiert! Ich fahre, plötzlich springt ein Mädchen splitternackt vor meine Lok. Ich bremse, steige aus und hab sie erst mal so richtig durchgevögelt!" "Und", fragt der andere, "hast Du Dir auch einen blasen lassen?" "Nö, der Kopf war nicht mehr aufzufinden!"

Ein Bauer in Canada entdeckt eine Marktlücke und eröffnet auf seiner Farm eine Art Puff. Er stellt hinter seinem Haus eine Bretterwand auf und bohrt drei Löcher rein. Für ein paar Canadian-Dollars kann jeder notgeile Farmer seinen Schniedel reinhängen. Soweit so gut. Am ersten Tag kommt der Bauer von der Nachbarranch und probiert das erste der drei Löcher aus. Nach zehn Minuten ist er total erledigt und meint: "Hey, Dein Teil ist spitze, das Geld gebe ich dir gern, aber sag mir bitte... wer stand hinter dem Loch???" Der Bauer: "Das war meine Frau." Ein paar Tage später kommt der selbige wieder und steckt seinen Schniedel in das zweite Loch. Nach einer Viertelstunde drückt er völlig entkräftet seine Kohle ab und fragt: "Oh Mann, das war Obersahne, sag mir bitte, wer stand hinter dem Loch???" Der Bauer: "Das war meine Tochter." Wieder ein paar Tage später probiert, wie kann es anders sein, unser Freier das dritte Loch. Nach einer Dreiviertelstunde Dauerorgasmus torkelt er zum Bauer hin:"...Oahh.....Oooooaaahh....Mann, sag mir bitte um Himmelwillen, wer war hinter der Mauer?" Der Bauer: "Das war meine Melkmaschine, die lässt nicht unter zwanzig Liter los!!"

Ein Landmaschinenverkäufer und ein Bauer sitzen in der Dorfkneipe. Jammert der Verkäufer: "Ach, ich habe vielleicht Sorgen, kein Mensch kauft mir einen Traktor ab". "Entgegnet der Bauer: "Das nennst Du Sorgen? Ich wollte kürzlich unsere Kuh melken. Da haut sie mir mit dem Schwanz voll auf den Kopf. Hab ich ihr den Schwanz hochgebunden. Als ich weitermelken will, tritt sie mich mit dem linken Hinterhuf. Hab ich den am Pfosten festgebunden. Kaum setz ich mich wieder hin, tritt sie mich mit dem rechten Hinterhuf. Also binde ich den auch an einen Pfosten. Dabei ist mir so warm geworden, also ziehe ich mir das Hemd aus. In dem Moment kommt meine Frau in den Stall. ...... Und wenn Du nun meine Frau überzeugen kannst, dass ich die Kuh nur melken wollte, dann kauf ich Dir einen Traktor ab!"

Kommt ein Typ, total abgewrackt in eine Samenbank und fragt, wieviel Euro er denn für eine Spende bekommen würde. Worauf ihm die Dame an der Theke drei Gläser unter die Nase hält und sagt, dass er für das kleine 20,-, für das mittlere 40,- und für das große 100,- Euro bekommt. Er hat sich also das große Glas geschnappt und ist in der Kabine verschwunden. Er (aus der Kabine): "Stöhn, ächz, keuch." Sie (denkt): "Schon wieder so ein komischer Typ." Er (mit leicht erdrückter Stimme): "Könnte ich mal ein feuchtes Handtuch haben?" Sie gibt es ihm leicht verwundert. Wieder Stöhnen aus der Kabine. Er (noch angespannter): "Könnte ich jetzt ein trockenes haben?" Sie gibt es ihm leicht verwundert, in Gedanken an die ganze Sauerei, die er da wohl veranstalten mag. Wieder ein, etwas energischeres, Stöhnen aus der Kabine. Er: "Fräulein, könnten Sie mal reinkommen und mir helfen." Sie (Geht mit dem Kopf abgewendet in die Kabine): "Was haben Sie denn." Er: "Können Sie mir mal helfen, ich bekomme das Glas nicht auf."

Klein Erna sitzt in der Schule und bekommt zum ersten Mal Ihre Tage. Da Sie nicht weiß, was das ist, fängt Sie fürchterlich an zu weinen. Die Lehrerin fragt, was denn los sei, sieht das Dilemma, und schickt Sie nach Hause, wo Ihre Mutter Sie dann aufklären solle. Auf dem Gang begegnet Sie Klein Fritzchen, der natürlich neugierig wie er ist gleich fragt, was denn los sei. "Ich blute da unten, und die Lehrerin hat mich nach Hause geschickt, damit mir die Mama erklären kann, was los ist." Fritzchen hebt das Röckchen hoch und meint fachmännisch: "Klarer Fall, Sack abgerissen...."

Zwei Freundinnen am Telefon: "Stell dir vor, als ich neulich nach Hause kam, saß mein Mann im Wohnzimmer und onanierte!" - "Das ist ja wirklich ein starkes Stück! Und - was hast du gemacht?" - "Ich habe ihn natürlich sofort in den Mund genommen und die Sache zu Ende gebracht!" - "Warum? Lieber einmal Zähne putzen als die ganze Wohnung!"

3 Männer unterhalten sich darüber, wer die dümmste Frau hat. Der erste sagt: "Meine Frau ist so dumm, die kauft sich einen DVD-Player und hat nicht mal eine einzige DVD!" Die anderen stimmen ihm zu und der zweite Mann sagt: "Meine ist noch viel dümmer, die hat sich ein Auto gekauft, obwohl sie gar keinen Führerschein hat." Wiederum stimmen die Männer zu und der dritte Mann meint: "Meine Frau ist aber die allerdümmste, die fährt demnächst auf Kur und kauft beim Apotheker eine Großpackung Kondome, obwohl ich gar nicht mitfahre!"

Klein Erna geht zum Vater ins Schlafzimmer, er hat einen Ständer. "Was ist denn das, Papi?"- Er: "Das ist ein Zirkuszelt, geh' doch mal ins Bad und sag der Mami, dass ich das Zirkuszelt schon aufgebaut habe, sie soll den Bären mitbringen." Erna rennt zur Mutter. "Du, Mami, Papa hat das Zirkuszelt schon aufgebaut, Du sollst den Bären mitbringen." "Na dann sag Papa mal, das geht heute nicht, der Bär hat Nasenbluten." Erna rennt wieder zum Vater. "Du, Papi, Mama sagt, das geht heute nicht, der Bär hat Nasenbluten." "So ein Mist. Na, geh' nochmal zur Mami und sag ihr, dann soll sie wenigstens kommen und die Vorstellung abblasen."

Abends im Ehebett flüstert der Börsenmakler seiner schönen jungen Frau ins Ohr: "Die Aktien steigen. Der Kurs ist fest." Sie räkelt sich. "Nein, die Börse ist heute geschlossen." Missmutig dreht er sich auf die Seite, aber seine Frau lässt sich die Sache noch einmal durch den Kopf gehen und turtelt dann: "Schatz, die Börse hat ihre Pforten doch noch geöffnet. Ich nehme die Aktien zu Höchstwert." - "Zu spät", knurrte der Makler. "Ich habe sie schon unter der Hand verschleudert."

Sex ist heilig... Erst wird man aufs Kreuz gelegt, dann genagelt und dann schreit man ´O Gott ich komme.

Kommt eine etwas ältere Frau zum Arzt. "Herr Doktor, was soll ich nur tun, der Sex mit meinem Mann funktioniert nicht mehr so richtig." Fragt der Arzt: "Haben Sie schon Viagra probiert?" "Mein Mann nimmt ja nicht mal Aspirin!" "Sie müssen, das halt im geheimen machen, geben Sie das Pulver in den Kaffee oder so?" "Gut, ich probiere es!" 2 Tage später kommt die Frau wieder in die Ordination: "Herr Doktor, das Mittel ist zum Vergessen, es war einfach schrecklich." "Wieso? Was ist passiert? Erzählen Sie!" "Nun ja, wie geraten, habe ich das Medikament in den Kaffee getan. Und plötzlich ist er aufgesprungen, hat mit dem Unterarm alles vom Tisch gefegt, sich die Kleider vom Leib gerissen, ist auf mich losgestürzt, hat mir die Kleidung vom Leib gerissen, hat mich am Tisch gesetzt und genommen." "Ja, und? War es nicht schön?" "Schön? Das war der beste Sex seit 20 Jahren, aber bei McDonalds können wir uns nicht mehr sehen lassen."

Eines Nachts bringt ein Typ seine Freundin nach Hause. Dort angekommen, beim Austausch des Gute-Nacht-Kusses, fühlt er sich ein wenig geil. Mit einem Anflug von Vertraulichkeit lehnt er sich mit der Hand an die Wand und sagt zu Ihr: "Liebling, würdest Du mir einen blasen?" Sie entsetzt: "Bist Du verrückt? Meine Eltern würden uns sehen!!" Er: "Hab dich nicht so! Wer sieht uns schon um diese Uhrzeit?!" Sie: "Nein, bitte. Kannst du Dir vorstellen, was passiert, wenn wir erwischt werden?" Er: "Oh, bitte, ich liebe Dich so sehr!" Sie: "Nein und nochmals nein. Ich liebe Dich auch, aber ich kann es einfach nicht!" Er: "Freilich kannst Du... Bitte..." Plötzlich geht das Licht im Treppenhaus an, die jüngere Schwester des Mädchens erscheint blinzelnd im Pyjama und sagt verschlafen: "Papa sagt, mach hin und blas ihm einen. Wenn nicht, kann auch Mama runterkommen und es machen, oder ich. Wenn es sein muss, sagt Papa, kommt er selber runter und macht es. Aber um Gottes Willen, sag dem ... er soll seine Hand von der Sprechanlage nehmen!"

Der Flugkapitän macht seine Durchsage und vergisst das Mikro auszuschalten. "Jetzt trinke ich erst mal einen Kaffee und dann kann mir die neue Stewardess einen blasen." Die Fluggäste hören natürlich alles mit. Die Stewardess rennt in Richtung Cockpit, da sagt eine ältere Dame: "Sie brauchen sich doch nicht so zu beeilen, er wollte doch erst einen Kaffee trinken."

"Süßer", flötet die verführerisch hin gebettete Ehefrau, "früher hast du an unserem Hochzeitstag immer meine Hand gehalten." Er nimmt sie, die Hand. "Und dann hast du mich immer geküsst, Süßer." Er tut es. "Und dann hast du mich immer ganz zart in den Busen gebissen!" Er wirft die Bettdecke zurück und stürzt aus dem Zimmer. "Aber Süßer, wohin gehst Du?" - "Ins Bad. Meine Zähne holen."

Auf einer Weide steht die Kuh Elsa. Auf der Nachbarweide, durch einen Zaun getrennt, steht der Bulle Hannibal. Ruft die Kuh Elsa: "Komm Hannibal, komm." Der Bulle Hannibal nimmt Anlauf, springt über den Draht und bleibt auf der anderen Seite bedröppelt stehen. Fragt die Kuh Elsa: "Was ist, Hannibal?" Sagt Hannibal: "Sag nur noch Hanni zu mir, die Bälle hängen am Draht..."

Beim Tierarzt ruft aufgeregt eine Dame an. "Herr Doktor, der Köter vom Nachbarn ist auf meiner Fifi drauf! Was soll ich nur machen?" - "Vertreiben sie ihn mit einem Besenstiel!" - "Danke, Herr Doktor!" 10 Minuten später ruft die aufgeregte Dame wieder beim Tierarzt an. "Herr Doktor, der Köter vom Nachbarn ist noch immer auf meiner Fifi drauf! Was soll ich nur machen?" - "Nehmen sie einen Kübel Wasser!" - "Danke, Herr Doktor!" 10 Minuten später ruft die aufgeregte Dame erneut beim Tierarzt an. "Herr Doktor, der Köter vom Nachbarn ist noch immer auf meiner Fifi drauf! Was soll ich nur machen?"- "Sagen sie ihm, er wird am Telefon verlangt!" - "Und das soll funktionieren?" - "Bestimmt, bei mir hat´s jetzt auch dreimal funktioniert!"

Bauer Erwin liest in seiner Dorfzeitung, dass er durch Eigenbesamung seiner Schweine viel Geld sparen kann. Also packt er seine Schweine ins Auto und fährt mit ihnen zu einer kleinen Waldlichtung, wo er sich unbeobachtet fühlt. Dort angekommen nagelt er jedes Schwein durch und fährt wieder nach Hause. Abends stellt er sich den Wecker auf 4:00 Uhr, denn wie er gelesen hat, werden zu dieser Uhrzeit die Schweine quieken, wenn alles geklappt hat. Am nächsten Morgen um vier rennt er in den Stall und ... kein quieken, nur ein müdes grunzen. Enttäuscht fährt er mit seinen Schweinen wieder zur Waldlichtung und nagelt jedes Schwein zweimal durch. Er geht früh zu Bett, denn so viel Nagelei macht müde. Um vier geht er in den Stall und wieder nichts. Ein letztes Mal denkt er sich und fährt mit den Schweinen zur Waldlichtung und nagelt alle Schweine dreimal durch. Total fertig geht er abends zu Bett. Früh morgens um halb fünf kommt seine Frau ins Schlafzimmer gerannt und ruft: "ERWIN, ERWIN, die Schweine!" Erwin: "Ja, was ist? Quieken die Schweine?" Frau: "NEIN, sie sitzen im Auto und HUPEN!"

Bernd hat zum ersten Mal eine Freundin. Er liegt neben ihr im Bett, aber sie stellt sich noch immer ziemlich zickig an. "Ach Mann, nix darf ich machen, darf ich wenigstens meinen Finger in Deinen Bauchnabel stecken?" - "Meinetwegen!" Plötzlich ruft sie: "Bernd, das ist aber nicht mein Bauchnabel." - "Häh, häh, das ist auch nicht mein Finger!"

Der Gärtner des Nonnenklosters ruht sich mittags im Garten etwas aus - nackt! - Kommt ´ne Nonne vorbei und fragt, was er denn da an einer gewissen Stelle schönes habe. "Das ist der Baum des Lebens, wenn Du ihn streichelst, wächst er!" Nach einer Weile erscheint die Nonne bei der Oberin: "Unser Gärtner ist ein Heiliger, er hat den Baum des Lebens zwischen - na da halt!" Erwidert die Oberin: "Das ist ein Schwindler! Zu mir hat er gesagt, das sei die Trompete von Jericho, und ich hab´ eine halbe Stunde darauf geblasen und keinen Ton rausgekriegt!"

Den Pfarrer eines kleinen Städtchens reizt schon lange mal ein Bad in dem herrlichen See auf dem Gelände des Klosters, in dem die Nonnen sehr zurückgezogen leben. Eines Morgens bei Sonnenaufgang steigt er also über die Mauer des Klosters und läuft durch den Park zu See. Er versteckt seine Kleidung hinter einem Busch und nimmt nur Handtuch und Seife mit zum Ufer. Doch als er gerade ins Wasser steigen will hört er, wie sich einige Nonnen nähern. Zum Weglaufen ist es zu spät. Also bleibt er wie versteinert mit seinem Handtuch in der einen, mit der Seife in der anderen Hand stehen. Die Nonnen kommen heran: Nonne 1: "Nanu, seit wann steht denn hier diese Statue?" Nonne 2: "Hm, was ist denn das da hinten? Ein Schlitz?!" Nonne 1: "Na, da stecke ich doch mal einen Euro rein." Sie steckt den Euro rein und zieht vorne einmal. Vor Schreck lässt der Pfarrer die Seife fallen, worauf die Nonne ausruft: Nonne 1: "Toll! Nur einen Euro und ein ganzes Stück Seife!" Darauf steckt die zweite Nonne zwei Euro in den Schlitz und zieht zweimal. Vor Schreck lässt der Pfarrer auch das Handtuch fallen. "Ui! Nur zwei Euro und ein tolles Handtuch." Dann will es eine dritte Nonne auch wissen. Sie steckt 5 Euro rein und zieht vorne fünfmal. Dann meint sie: "Was?! Fünf Euro - und nur so wenig Shampoo?"

Mutter zur Tochter: "Mit einem Glas Wein fängt es an, dann wird ein bisschen getanzt und noch ein Glas getrunken und dann lockt er Dich in seine Wohnung - und dann bist du entehrt, Dein Vater ist entehrt, Deine Mutter ist entehrt..." Die Tochter kommt sehr spät am Abend nach Hause, die Eltern warten bereits ungeduldig und ängstlich auf ihren Bericht. "Also, wir haben getanzt, haben Sekt getrunken - und dann wollte er mir noch seine Briefmarkensammlung zeigen..." Die Eltern werden ganz bleich: "Und, ...was ist dann passiert?" "Dann habe ich ihn aufs Bett geworfen - und jetzt ist er entehrt, sein Vater ist entehrt, seine Mutter ist entehrt..."

Der Lehrer fragt: "Wie viele Stellungen kennen Sie?" Stimme aus der letzten Reihe: "ZWEIUNDSIEBZIG!" Der Lehrer ist beeindruckt, meint aber: "Moment, Moment, wir machen das der Reihe nach ... Also, junger Mann hier vorne, wie viele?" Meinte der: "Hm, na ja, so acht ..." Lehrer: "So, acht, aha ... und Sie, junge Frau?" Stimme aus der letzten Reihe: "ZWEIUNDSIEBZIG!" Lehrer: "Nun warten Sie doch bis Sie dran sind ... also?" Das Mädel: "Na ja, zwölf." Lehrer: "Zwölf? Na, das ist ja schon eine Menge ... und was ist mit Ihnen?" Stimme aus der letzten Reihe: "ZWEIUNDSIEBZIG!" Der Lehrer, sichtlich genervt: "Nun seien Sie endlich still! Also, weiter ..." Das Mädel druckst rum und meint schließlich kleinlaut: "Nur eine ..." Lehrer: "WAAAAAS? Nur eine? Erzählen Sie mal, welche ist denn das?" Mädel: "Nun, ich lieg unten, mach die Beine breit und er legt sich auf mich." Stimme aus der letzten Reihe: "DREIUNDSIEBZIG!"

Der 18-jährige Sohn kommt mitten in der Woche morgens um Vier nach Hause. Der Vater hat gewartet und fragt mürrisch: "Wo kommst du denn so spät her?" Darauf der Sohn: "Ich hatte heute das erste Mal ganz tierischen Sex gehabt!" - "Schön, mein Sohn. Setz dich zu mir, nimm ein Bier und lass uns darüber reden!" -"Bier ist O.K., reden auch, aber hinsetzen kann ich mich für eine Weile nicht!"

Drei Leichenwäscher unterhalten sich. Sagt der eine: "Letzte Woche hatten wir einen Unfall-Toten. Wir haben über eine Stunde gebraucht, um alle Leichenteile zu finden." Der Zweite: "Das ist doch nichts. Vor drei Wochen wurde einer von der Walze überfahren, wir mussten mehrere Meter aufrollen, damit er in den Sarg passte." "Ach," sagt der Dritte, "neulich sprang eine Nutte aus dem sechsten Stock auf eine Parkuhr - wir brauchten drei Wochen, um das geile Grinsen wegzubekommen..."

Ein Playboy macht sich an eine scharfe Lesbe 'ran und flüstert ihr zu: "Hey Baby, wollen wir nicht beide dasselbe?" - "Okay, reißen wir ein paar Weiber auf!"

Ein Vater will herausfinden, wie viel seine 6-, 10- und 14 jährigen Töchter bereits über Sex wissen. Er geht also zu seiner ältesten Tochter, lässt die Hosen runter und fragt sie, was das da unten sei. Tochter: "ein Penis!" Vater: "und was macht man damit?" Tochter: "Ficken!" Der Vater verpasst ihr eine Ohrfeige: "Schäm dich! Du bist doch noch zu jung dafür!" Nun geht er zu seiner 10-jährigen Tochter und lässt wieder die Hosen runter: Vater: "Was ist denn das?" Tochter: "Ein Penis!" Vater: "Was macht man damit?" Tochter: "Ficken!" Vater teilt wieder eine Ohrfeige aus und sagt: "Schäm dich! Du bist doch noch viel zu jung für so was!" Dann geht er zu seiner jüngsten Tochter und dasselbe Spielchen beginnt: Hosen runter und die Frage: "Was ist das?" Tochter: "ein Penis!" Vater: "was macht man damit?" Tochter: "spielen!" Vater: "Spielen? Was meinst du damit?" Tochter: "na spielen eben. Zum Ficken ist er zu klein!"

Der Student verbringt seine Nachmittage vorwiegend damit, im Keller chemische Substanzen zu mischen. Eines Tages kommt der Vater runter, als der Sohn gerade etwas in die Wand schlägt. "Stefan, klopf doch bitte keine Nägel in die Wand" "Das ist kein Nagel, Dad. Das ist ein Wurm. Ich habe eine Salbe entwickelt, die alle Dinge hart wie Stein macht" "Weißt Du was, Sohn", meint Vater mit plötzlichem Interesse, "du gibst mir die Salbe und ich kauf Dir ein Auto." Als Stefan am nächsten Tag von der Uni kommt, stehen zwei nagelneue Autos in der Einfahrt. "Dad, wozu die Autos", fragt er. "Oh, die sind beide für Dich, mein Sohn. Der Golf ist von mir - und der Mercedes von Deiner Mutter"

Ein Mann und seine Frau liegen abends im Bett. Fragt der Mann seine Bettnachbarin, ob sie noch Lust auf ein "kleines Nümmerchen" hätte. Die Frau gibt eine klar verständliche Absage mit dem Argument, sie hätte morgens früh einen Termin beim Gynäkologen und sie wolle aus Zeitgründen nicht unbedingt frühmorgens noch duschen. Der Mann versteht und denkt nach. Es vergeht eine Weile und der Mann wird wieder aktiv mit der Frage: "Mein Schatz, aber einen Zahnarzt-Termin steht morgens nicht an, oder?"

Die Frau kommt zum Hausarzt, bedeckt mit Platzwunden und Blutergüssen. Sie erzählt, dass ihre Verletzungen von ihrem Mann stammen. Wundert sich der Doktor: "Ich dachte, der sei verreist?" Sie: "Das dachte ich auch!"

Im Mittelalter fährt eine Postkutsche durch den Wald. Plötzlich kommt ein Räuberhauptmann aus dem Gebüsch gesprungen und schreit: "alle Mann aussteigen". Drinnen hört man einen kleinen Jungen: "Die Großmutter auch?" Der Räuberhauptmann: "alle hab ich gesagt". Der Räuberhauptmann weiter "jetzt müssen sich alle Frauen nackt ausziehen". Der Junge wieder "Die Großmutter auch?" Der Räuberhauptmann: "alle hab ich gesagt". Alle ziehen sich aus. Der Räuberhauptmann weiter: "Jetzt werden alle Frauen gefickt!" Der Junge ängstlich: "Die Großmutter auch?" Ruft die Großmutter: "Junge halt Maul, alle hat er gesagt!"

Tina Turner lässt sich im Krankenhaus die zu langen Schamlippen wegoperieren. Sie verlangt vom Chefarzt allerdings absolute Diskretion und Anonymität. Als sie aus der Narkose aufwacht, steht ein riesiger Strauß roter Rosen an ihrem Bett. Vollkommen entsetzt ruft sie nach dem Chefarzt. "Wie konnte es passieren, dass es doch an die Öffentlichkeit gekommen ist?" Der Chefarzt versucht sie zu beruhigen und sagt: "Schauen sie sich doch erst mal das Kärtchen im Strauß an." Sie liest: "Vielen Dank für die neuen Ohren - Niki Lauda!"

Ein Bauer hat einen abgelegenen Hof hoch oben in den Bergen. Bei der Feldarbeit kriegt er plötzlich eine mordsmäßige Erektion. Da er ziemlichen Druck auf seinem Kessel hat, braucht er irgendwas, um sich abzureagieren. Tja, so ein Pech... die Kühe sind auf der Weide, eine Frau oder Magd hat er nicht, mit der Hand will er nicht... Was also tun? Da fällt ihm seine alte Haushälterin ein. Der Haken: der guten Frau ist in jungen Jahren ein Trecker über die Beine gerollt, deshalb hat sie zwei Holzbeine. Scheißegal - er schnappt sich die Haushälterin, zerrt sie in die Scheune ins Heu und fällt über sie her. Zur gleichen Zeit kommen zwei ziemlich erschöpfte Wanderer des Wegs. Sie beschließen, in der Scheune des Bauern zu übernachten. Der eine geht in die Scheune, um sich umzusehen, der andere wartet draußen. Plötzlich kommt sein Kumpel aus der Scheune gerannt: "Schnell fort von hier, hier wohnt ein Irrer! Der fickt gerade 'ne Schubkarre!"

Eine Frau geht mit ihrem 5-jährigen Sohn zum Frauenarzt. Der sagt: "Sie müssen ihren Sohn aber draußen lassen, der kann hier nicht rein." "Doch, doch", sagt die Frau, "der ist schon aufgeklärt, der weiß alles." Der Frauenarzt willigt ein und will den Sohn erst mal testen. Er fasst der Frau an die Brüste und fragt den Jungen, was er wohl gerade gemacht hat.
"Du hast meiner Mutter an die Brüste gefasst", ist die Antwort. Der Mann will es noch genauer wissen und leckt der Mutter an den Schamlippen. Der Junge sagt: "Jetzt machst du gerade Fellatio mit meiner Mutter." Der Arzt ist verblüfft und nimmt nun die Mutter ordentlich durch. Als er fertig ist, fragt er den Jungen: "Was habe ich nun gemacht?" Antwort des Jungen: "Jetzt hast du dir Tripper geholt, deswegen sind wir nämlich hier!"

Ein junger Mann beichtet dem Pfarrer, er habe gegeigt. Das sei keine Sünde, meint der Pfarrer. Ein zweiter Mann beichtet ebenfalls, er habe gegeigt. Und auch ein dritter und ein vierter. Alle entlässt der Seelsorger ohne Buse. Anschließend beichtet ein junges Mädchen: "Ich habe mich geigen lassen!" Da stürmt der Seelsorger aus dem Beichtstuhl und brüllt: "Das ganze Streichorchester nochmals zurück zu mir!"

Ein Mann kommt eine Stunde verspätet ins Büro. Er ist über und über mit Verbänden bedeckt. "Ich bin durch eine Glastür gefallen", erklärt er dem Chef. "Na und? Das dauert doch höchstens 2 Sekunden!"

Treffen sich zwei Frauen und streiten sich wer den begabtesten Sohn hat. Sagt die erste Frau: "Mein Sohn hat eine Blume an die Hauswand gemalt, die sah so echt aus, dass die Nachbarn gekommen sind und sie gießen wollten." Darauf die zweite: "Das ist doch gar nichts, mein Sohn hat eine Vagina an die Heizung gemalt, und der Opa verbrennt sich seitdem dauernd die Zunge!"

4 Nonnen kommen in den Himmel, fragt Petrus die 4, was für Sünden sie begannen haben. Die erste sagt: ich habe mal einen Schwanz von einem Kerl gesehen. Darauf Petrus: geh hin zum Weihwasser und wasche deine Augen. Fragt er die zweite: was beichtest du mir? Ich habe mal einen Schwanz angefasst. Darauf Petrus: geh hin und wasche deine Hände in Weihwasser. Fragt er die dritte: was beichtest du mir? Ich habe mal... da drängelt sich die vierte vor und ruft: lass mich erst gurgeln bevor die sich den Arsch abspült.

Die 15jährige Tochter gesteht ihrer Mutter, dass sie mit ihrer Periode bereits das zweite Mal überfällig ist. Die besorgte Mutter macht sich natürlich sofort auf zur Apotheke um einen Schwangerschaftstest zu besorgen, welcher dann auch prompt positiv ausfällt. "Wer war dieses Schwein!" will die Mutter wissen. "Dein Vater wird ausrasten!" Entsetzen und Panik machen sich breit. Die Tochter schnappt sich ihr Handy und macht einen kurzen Anruf.

Eine halbe Stunde später parkt ein Ferrari vor der Haustür und ein junger, gestylter Mann bittet um Einlass. Vor versammelter Familie sagt er: "Nun...heiraten kann ich ihre Tochter nicht aber wenn es ein Mädchen werden sollte, kann ich ihr 2-3 Läden und 1'000'000 $ überlassen. Wird es ein Junge, vermache ich ihm eine Fabrik und ein Konto mit 1'000'000 $. Sollten es Zwillinge werden kriegen beide 5'000'000 $ aber wenn ihre Tochter das Kind verlieren sollte..." Da unterbricht der Vater: "...dann fickst du sie eben nochmal!"

Das Paar ist seit 30 Jahren verheiratet und man feiert in dem Zimmer des Hotels, wo man die Hochzeitsnacht verbracht hatte. Der Mann liegt schon im Bett, als seine Frau aus dem Bad kommt, splitternackt, genau wie damals. Verführerisch fragt sie ihn: "Sag mal, Liebling, was hast Du damals gedacht, als ich so aus dem Bad kam?" Er erwidert: "Ich habe Dich gemustert und mir gedacht, ich möchte Deine Brüste aussaugen und dir den Verstand wegbumsen!" "Und was denkst Du heute?" fragt sie mit vor Erregung zitternder Stimme. Meint der Mann: "Ich denke, dass mir das ganz gut gelungen-ist..."

Herr Doktor, immer habe ich diese Kopfschmerzen, und dieses Reißen in den Armen, dann habe ich diese Bruststiche, wirklich diese unangenehmen Stiche in meiner Brust. Ich habe auch ständig diese Magenschmerzen, und meine Knie und Füße tun mir dauernd weh. Und immer wieder dieses Ohrensausen und Augenflimmern. Herr Doktor, können Sie mir sagen was mir fehlt? Der Arzt: "Was soll Ihnen denn fehlen? Sie haben ja schon alles."

Klaus hat ein neues Fahrrad mit Ledersattel. Der Verkäufer hat ihm extra einen Topf Vaseline mitgegeben, um diesen bei Regen zu fetten. Abends ist er bei den Eltern seiner Freundin zum Essen eingeladen. Nach dem Essen geht der Streit um den Abwasch los. Nachdem sich kein Freiwilliger findet, beschließt man das Schweigespiel zu spielen. Wer als erster was sagt muss abwaschen. Nachdem eine halbe Stunde Schweigen herrscht, denkt Klaus sich, dass er die Zeit auch besser nutzen könnte. Er zieht die Hose aus, schiebt seiner Freundin den Rock hoch und fängt an sie zu rammeln. - Betretenes Schweigen. - Eine weitere halbe Stunde später wiederholt sich die Prozedur mit ihrer Schwester. - Betretenes Schweigen. - Eine weitere halbe Stunde später ist ihre Mutter fällig. - Als Klaus Blick jetzt aus dem Fenster fällt, bemerkt er, dass es anfängt zu regnen. Wie er zum Vaseline Topf greift, meint der Vater: "Okay, ich trockne ab!"

Eine Frau setzte sich auf eine Parkbank und ruhte sich von einem langen Bummel durch die Stadt aus. Etwas später kam ein Penner und sagte zu ihr: "Hallo, Schatz, wie wär's mit einem kleinen Spaziergang zu zweit?" "Wie können Sie es wagen?" empörte sich die Frau, "Ich bin nicht eines von Ihren Flittchen!"
"Also," sagte der Penner, "was machst Du dann in meinem Bett?"

Kommt eine rund vierzigjährig Frau zum Arzt:" Herr Doktor, mein Mann hat seit vier Monaten eine wahnsinnige Libido. Jeder Nacht will er's drei- bis fünfmal. Und das, obwohl wir vorher höchstens 1-mal im Monat... na Sie wissen schon. Ich bin völlig fertig, was kann man denn da tun?" Arzt: "Na wissen Sie, ... hmm, nehmen sie am besten eine Taschenlampe mit ins Bett und wenn er dann wieder drüber ist, schalten sie die Taschenlampe ein und leuchten ihm ins Gesicht. Ich hoffe dass ihn das so erschreckt, dass er davon ablässt."
Gesagt, getan. Abends - die Frau im Bett und lässt es zweimal über sich ergehen. Dann schaltet sie die Taschenlampe ein, stutzt kurz und schreit: "Huch, Sie sind ja gar nicht mein Mann!"
"Nee", sagt der über ihr, "Ihr Mann reißt draußen die Karten ab..."

Der Aufkäufer für Schweinsborsten und Rosshaare kommt auf den Bauernhof. Mein Abwiegen fehlen genau 20 Gramm, um die Ladung komplett zu machen. Der Bauer rennt mit einer Schere in die Küche, dort sitzt der Opa, dem wird der Bart abgeschnitten, mit rauf auf die Waage, jetzt stimmt's. Nach 14 Tagen sitzt

Ein Mann kommt eine Stunde verspätet ins Büro. Er ist über und über mit Verbänden bedeckt. "Ich bin durch eine Glastür gefallen", erklärt er dem Chef. "Na und? Das dauert doch höchstens 2 Sekunden!"

Ein Bauer bricht sich beim Holzhacken den Kiefer. So fährt er in Begleitung seiner Frau mit dem Zug in die Stadt zum Arzt. Während der Fahrt - es sind alle Sitzplätze besetzt - lehnt sich seine Frau gegen die Tür. Diese öffnet sich und die Frau fällt aus dem Zug. Der Bauer steht teilnahmslos dabei. Da ruft ein erboster Fahrgast: "Hey, sie! Ihre Frau fiel soeben aus dem Zug und sie zeigen überhaupt keine Reaktion!". Da antwortet der Bauer mit leicht geöffnetem Mund: "Entschuldigung, aber ich kann nicht lachen, ich habe mir den Kiefer gebrochen."

3 Beamte kommen in die Hölle. Der Teufel sagt: "Seht Ihr dort die drei Affen? Wenn Ihr es schafft nur mit Hilfe eurer Redekunst den ersten zum Lachen, den zweiten zum Weinen und den dritten dazu zu bringen, sich freiwillig in den Käfig einzusperren, gebe ich eure Seelen frei! Da Ihr ja wortgewandt seid und gut reden könnt, dürfte das zu schaffen sein." Der erste Beamte kam vom Innenministerium und ging zum ersten Affen. Er redete und redete doch der Affe schaute gelangweilt und ignorierte ihn. Die anderen beiden ebenso. "Hinfort mit dir ins Höllenfeuer!" schrie der Teufel.
Der zweite Beamte kam vom Magistrat und hatte noch weniger Glück. Vom ersten Affen wurde er beschimpft, vom zweiten bespuckt und vom dritten gebissen. "Hinfort ins Höllenfeuer auch mit dir!" schrie der Teufel erneut.
Der letzte Kandidat war niederösterreichischer Landesbeamter. Er ging zum ersten Affen und flüsterte ihm was ins Ohr. Dieser fing an, zu lachen, dass sich die Balken bogen. Der zweite Affe weinte nach seinen Worten wie ein Schlosshund. Der dritte Affe schrie entsetzt auf, sprang in den Käfig, verschloss ihn von innen und schluckte hastig den Schlüssel. Der Teufel war perplex. "Wie... wie hast du...?" stammelte er. Der Landesbeamte sagte: "Dem ersten Affen erzählte ich, für wen ich arbeite, dem zweiten erzählte ich, was ich verdiene und dem dritten erklärte ich, dass wir noch Mitarbeiter suchen!"

Drei alte Frauen gehen ins Schwimmbad. Als die erste schwimmt, holt sie der Bademeister zu sich und fragt sie, warum sie so gut schwimmen könne. Die Frau antwortet, dass sie früher Clubmeisterin gewesen sei. Auch als die zweite alte Frau schwimmt, holt der Bademeister sie zu sich und fragt auch sie warum sie so gut schwimmen könne. Die Frau antwortet, sie sei einmal Landesmeisterin gewesen. Als die dritte Frau schwimmt, ist der Bademeister sehr beeindruckt und sagt, sie sei die beste Schwimmerin, die er je gesehen habe. Daraufhin lacht die alte Frau und sagt: "Ich war ja früher auch Prostituierte in Venedig und habe fast nur Hausbesuche gemacht.

Meier beobachtet, wie der Bauer den Stier zum Decken bringt. Der Stier will nicht so richtig, da packt der Bauer der Kuh zwischen die Hinterbeine, zieht seine Hand einmal durch und fährt dem Stier mit der schleimigen Hand über die Nase. MMUUUUUH, brüllt der Stier, bekommt große Augen und stürzt sich auf die Kuh. "Oh", sagt Meier, "der ist ja auf einmal ganz spitz geworden!" "Klar", antwortet der Bauer. "Geht das auch bei Menschen, meine Frau beschwert sich, dass ich immer so lustlos bin." "Aber sicher", sagt der Bauer, "greifen sie ihrer Frau in den Schritt, und schmieren sie sich die Hand durch Gesicht, dann werden sie so wild wie dieser Stier!" Meier fährt nach Hause, seine Frau liegt im Bett und liest. Er reißt ihr die Decke weg und den Slip vom Leib, greift in ihren Schritt, schmiert sich mit der Hand durch Gesicht, spürt seine Erregung und ruft: "Erna! Ich bin auf dich wild wie ein Indianer!" "Ja", lacht sie auf, "so siehst du jetzt im Gesicht auch aus..."

Ein Zirkusdirektor steht in der Manege und betrachtet während einer Probe die Luftakrobaten. Plötzlich schießt ein Mann beim Eingang herein, düst wie eine Rakete den Zirkusmasten hinauf, schlägt beim Wiederherunterkommen einen dreifachen Salto und verschwindet mit 10-Metersprüngen aus dem Zelt. Der Zirkusdirektor ist völlig verblüfft und erkundigt sich bei den Artisten, wer dieser Mann gewesen sei. Es stellt sich heraus, dass der Mann der Zirkusmechaniker ist. Daraufhin fordert der Direktor das gesamte Personal auf, diesen Mann auf der Stelle herbeizuholen. Nach wenigen Minuten gelingt dies auch. "Sagen Sie, Sie sind ja eine Weltnummer. Ich engagiere Sie sofort für 500 Euro die Vorstellung", meint der Zirkusdirektor zu dem Mechaniker. "Aber..." möchte der Mechaniker einwenden. "600 Euro?" erkundigt sich der Direktor. "Nein, es ist..." versucht es der Mechaniker erneut. "Gut, sagen wir 1000 Euro die Nummer", schneidet ihm der Direktor das Wort ab. Da schreit der Mechaniker dem Direktor mit hochrotem Kopf ins Gesicht: "Sie können mir zahlen so viel Sie wollen, aber ich kann mir nicht jeden Tag mit dem Hammer auf die Eier hauen!"

Ein Völkchen Ameisen tummelt sich auf dem Rücken eines Elefanten. Dem wird das Gekrabbel plötzlich zu dumm. Er schüttelt sich kräftig und alle fallen herunter - bis auf eine. Wutentbrannt über die Ausquartierung starren die Ameisen zu dem Riesen empor und brüllen ihrem oben gebliebenen Freund zu: Erwürg ihn, Oskar!

Oma Mielke ist auf der Flucht vor einem Triebtäter. Völlig kopflos rennt sie in die falsche Richtung und gerät in eine Sackgasse. In einem Hinterhof, holt sie der Triebtäter ein. Oma Mielke erinnert sich an die psychologische Schulung aus ihrer früheren Frauengruppe und sagt: "Lassen Sie´s gut sein, ich hab meine Tage." "Na gut", knurrt der Mann, "dann hol mir wenigstens einen runter!" Oma Mielke lässt verwirrt die Augen über die Häuserfront schweifen: "Aber ich kenn hier doch keinen!"

Die Mutter zu ihrem Sohn: "Kannst du bitte schnell den Salzstreuer auffüllen?" Eine Stunde später kommt der Kleine schluchzend aus der Küche: "Ich schaff es einfach nicht, das Zeug durch die Löcher zu stopfen!"

Fragt die eine Blondine die andere: "Was meinst du, was ist weiter entfernt, London oder der Mond"? Sagt die andere: "Hallo, siehst du London von hier aus?!"

Frauchen steigt aus der Badewanne, rutscht aus und die Schnecke saugt sich am Boden fest. "Ich hole sofort einen Doktor" sagt der bestürzte Ehemann und hechtet sich ans Telefon. Der Notarzt kommt und stellt fest: "Wir müssen hier den Fußboden rundherum aufhacken, um Ihre Frau wieder freizubekommen!". Der Mann fängt an zu jammern: "Um Gottes willen, der qm kostet hier 73 Euro!". Der Notarzt überlegt und sagt dann: "Fassen Sie Ihre Frau mal ein bisschen an die Titten, dann wird die Schnecke feucht und sie können sie in die Küche schieben - dort war der Fußboden bestimmt nicht so teuer."

Gast: "Herr Ober, in meinem Essen sind Kakerlaken!" Ober zu den Kakerlaken: "Was fällt euch ein! Marsch, ab in die Küche!" Gast: " Ist das alles, was sie mit den Viecher unternehmen?" Ober zu den Kakerlaken: "Und ihr habt eine Woche Fernseh-Verbot!"

Vier Schiffbrüchige landen auf einer einsamen Insel. Da es sich bei den Schiffbrüchigen um drei Männer und eine Frau handelt müssen sie sich natürlich überlegen wie sie ihr Leben organisieren, schließlich gibt es doch gewisse Bedürfnisse die Mann beziehungsweise Frau hat. Man kommt zu der Entscheidung dass sich jeden Tag ein anderer Mann zur Frau begeben darf. Auch die Frau hat nichts gegen diese Entscheidung einzuwenden. Diese Regelung funktioniert wirklich wunderbar, aber leider nur zwei Jahre lang, denn dann ist die Frau gestorben. Die erste Woche nach dem Tod der Frau war sehr hart, die zweite Woche war nahezu extrem, die dritte Woche war schon unerträglich und in der vierten Woche wurde die Frau dann begraben.

Ein Mann kommt in eine Toilette, wo bereits ein anderer am Pissoir steht. Der andere hat die Arme von sich gestreckt und die Finger krampfhaft gespreizt. Er sieht den gerade hereinkommenden Mann und sagt: "Können sie mir einen Gefallen tun und mir die Hose öffnen und mein Glied herausholen?" Der Mann ist irritiert, aber er hat Mitleid mit dem offensichtlich behinderten Mann, also macht er es. Nachdem er fertiggepinkelt hat, sagt der Halter: "Soll ich die Hose jetzt wieder zumachen?" Darauf der andere: "Nein danke, ich glaube, meine Fingernägel sind jetzt trocken!"

Mama hat den süßen Hasen geschlachtet und zum Abendbrot gemacht. Da die Kinder dieses Tier sehr lieb hatten, verheimlicht sie ihnen die Wahrheit. Der kleine Junge isst mit viel Appetit und fragt seinen Papa, was sie da denn essen.
Papa ganz stolz: "Ratet doch mal. Ich gebe euch einen Hinweis, ab und zu nennt Mama mich so."
Plötzlich spuckt die Tochter alles aus und sagt zu ihrem Bruder: "Iss das bloß nicht, das ist ein Arschloch!"

Peter fragt seinen alten Freund: "Deine Frau wollte es doch mit Schlammpackungen versuchen. Und ist sie dadurch wirklich schöner geworden?" - "Anfangs schon, aber dann bröckelte das Zeug einfach wieder ab!"

Achmet hat heute seinen ersten Schultag in Bayern. Bereits nach einer Stunde schlagen alle Schulkameraden vor, dass Achmet jetzt Seppi heisst, weil er jetzt ja ein richtiger Bayer ist.
Achmet geht überglücklich nach Hause und ruft: "Mami, Mami, I bin jetzt a Bayer und heiss Seppi!"
Seine Mutter haut ihm rechts und links eine rein und schreit: "Nein, du heissen Achmet, du sein Türke!"
Achmet verzieht sich ganz traurig in sein Zimmer und wartet, bis sein Vater heim kommt. Er hört die Türe. Springt aus seinem Zimmer und ruft: "Papi, Papi, i bin jetzt a Bayer und heiss Seppi!" Sein Vater haut ihm rechts und links eine rein und brüllt: "Nein, du heissen Achmet, du sein Türke!".
Am nächsten Morgen springt Achmet schnell in die Schule. Seine Freunde fragen ihn: "Und Seppi, na erzähl, wie war denn der erster Abend als Bayer?"
Achmet antwortet: "Das könnt ihr euch nicht vorstellen. Kaum bin i a Bayer, hob i scho a Schlägerei mit zwei Türken."

Peter fragt seinen alten Freund: "Deine Frau wollte es doch mit Schlammpackungen versuchen. Und ist sie dadurch wirklich schöner geworden?" - "Anfangs schon, aber dann bröckelte das Zeug einfach wieder ab!"

Ein betrunkener Mann steht in der Straßenbahn und beschimpft die Fahrgäste zu seiner Linken! "Lauter Idioten, lauter Idioten!" Die Leute zu seiner Rechten brüllt er an: "Lauter Ehebrecher, lauter Ehebrecher!" Plötzlich springt ein Mann auf schreit ihn an: "Was fällt ihnen ein? Ich bin seit 20 Jahren verheiratet und habe meine Frau noch nie betrogen!" Darauf fuchtelt der Betrunkene mit seinen Armen und erwidert lallend: "OK, dann setz dich rüber zu den Idioten!"

Ein Unternehmer zum anderen: "Warum sind deine Arbeiter immer so pünktlich?" "Einfacher Trick: 30 Arbeiter, aber nur 20 Parkplätze!"

"Lothar, es wird Zeit, dass du mal wieder den Keller aufräumst!" Er macht sich ans Werk, kommt aber gleich wieder nach oben. "Was ist denn?". fragt sie. "Ach ich hab nur den Korkenzieher vergessen"!

"Komm, lass Dir aus dem Wasser helfen. Du wirst sonst ertrinken!", sprach der freundliche Elefant und setzte den Fisch sicher auf den Baum.

Britta will sich scheiden lassen. Ihr Anwalt fragt sie: "Trinkt Ihr Mann denn?"-"Nein." - "Schlägter Sie?"-"Nein." -"Und wie sieht es mit seinen ehelichen Pflichten aus?" "Damit können wir ihn packen", freut sich Britta. "Zwei unserer Kinder sind nicht von ihm!"

Morgens im Bad: Sie ruft ganz entzückt: "Liebling, ich habe 2 Kilo abgenommen." Darauf er: "Kein Wunder, du bist ja auch noch nicht geschminkt."

Ein frisch verheiratetes Paar kommt in eine Bar. Dort zwinkert ihr der Barkeeper lächelnd zu. Der Ehemann sieht das und fragt argwöhnisch: "Wer ist der Kerl?" Die Ehefrau: "Fang du nicht auch noch an, ich werde es schon schwer genug haben, ihm zu erklären, wer du bist!"

Ein Wintermorgen. Radiodurchsage: "Wegen der schweren Schneefälle in den letzten Tagen ersuchen wir alle Fahrzeughalter, ihre Autos auf der Seite zu parken, auf der die geraden Hausnummern sind, um eine geregelte Schneeräumung zu gewährleisten." Die Ehefrau geht aus dem Haus und tut, wie angewiesen wurde. Eine Woche später die gleiche Durchsage, allerdings mit der Bitte, die Fahrzeuge auf der Seite mit den ungeraden Nummern abzustellen. Auch diesmal geht die Frau hinaus und tut, wie ihr geheißen. Nächste Woche wieder die Radiodurchsage: "Parken Sie Ihre Fahrzeuge bitte auf der ...."Stromausfall! "Schatz" fragt die Ehefrau, "was soll ich jetzt tun? Ich weiß ja nicht auf welcher Straßenseite ich das Auto abstellen soll!"
Mit viel Liebe und Verständnis in der Stimme - so wie das Männer, die mit Blondinen verheiratet sind, mit der Zeit entwickeln - antwortet der Mann: "Warum lässt Du das Auto diesmal nicht in der Garage stehen?"

Es gibt einen Lügendetektor, der frisst alle Menschen auf (schnapp), die lügen. Da kommt ein junger Mann daher und meint: "Ich denke, ich bin der reichste Mann der Welt." – schnapp.
Es kommt eine Frau daher: "Ich denke, ich bin die hübscheste Frau der Welt." – schnapp. Da kommt eine Blondine: "Ich denke..." – schnapp.

Ich stehe in der Schlange vor der Kasse, als mir eine scharfe Blondine, die etwas weiter hinten steht, freundlich zuwinkt und mich anlächelt. Ich kann es nicht fassen, dass so ein Blickfang mir zuwinkt und obwohl sie mir irgendwie bekannt vorkommt, kann ich dennoch nicht sagen, von wo ich sie kenne. Dennoch frage ich sie: "Entschuldigung, kennen wir uns?" Sie erwidert: "Ich bin mir nicht sicher, aber ich denke, sie müssten der Vater einer meiner Kinder sein!"

Treffen sich eine 8 und eine 0 im Büro Flur. Sagt die 0 zur 8: "Schicker Gürtel!"

Am Meer: "Ich frage mich immer wieder, wozu das viele Wasser da ist:" - "Ganz einfach, damit man mit Schiffen zu den Inseln fahren kann."

"Gnädige Frau, Sie haben aber einen großen Komplex." - "Ach wo, Herr Doktor. Nur ein kleines Reihenhaus."

Zwei Männer sitzen an der Theke. Nach einiger Zeit fragt der eine: "Was hast du für ein Hobby?" - "Bogenschießen." "Oh, geradeaus ist schon schwierig."

Auf einem Tennisplatz machen eine Nonne und ein Bischof ein Match. Die Nonne spielt brillant. Der Bischof schwach. Jedes Mal, wenn der Bischof einen Ball nicht mehr erwischt oder daneben schlägt, flucht er: "Verdammt, daneben!" Nach einiger Zeit wird der Nonne das Fluchen Zuviel: "Herr Bischof, es tut mir leid, aber unter diesen Umstanden kann ich mit ihnen nicht weiterspielen. Das Fluchen schadet meinem Seelenheil!"
Der Bischof entschuldigt sich vielmals und verspricht hoch und heilig, keinen Fluch mehr über seine Lippen kommen zu lassen: "Wenn es doch passieren sollte, liebe Schwester, möge der Herrgott Donner und Blitz senden und mich zu einem Häufchen Asche machen!" Die Nonne ist einverstanden. Das Spiel geht weiter. Der Bischof beherrscht sich und flüstert bei verpassten Bällen nur noch leise: "Ha, daneben!" Beim dritten Satz hat die Nonne Aufschlag. Beim ersten und beim zweiten As kann sich der Bischof noch beherrschen. Beim dritten aber flucht er wieder laut los: "Verdammt, daneben!" Vom Himmel kommt ein gewaltiger Blitz und ein mächtiger Donner. Nur ein Häufchen Asche bleibt von der Nonne übrig! Da dröhnt aus dem Himmel eine Stimme: "Verdammt, daneben!"

Ein Mann sitzt in der Bar und genehmigt sich einen Drink nach seinem Arbeitstag, als eine wunderschöne und sexy junge Frau hereinkommt. Sie sieht so faszinierend aus, dass der Mann sie nicht aus den Augen lässt und sie mit seinen Blicken verschlingt. Die Frau bemerkt die Blicke und geht direkt zu dem Mann. Noch bevor er sich für sein Benehmen entschuldigen kann, sagt die Frau: "Ich tue alles, absolut alles, was du von mir verlangst, ganz egal was, für 200 Euro und einer Bedingung." Überrascht fragt der Mann, welche Bedingung das sei. Die Frau sagt: "Du musst das, was du von mir wünschst, in nur drei Worten sagen." Der Mann überlegt für einen Moment, holt seine Brieftasche heraus, blättert langsam vier 50 Euro Scheine auf den Tisch und gibt sie der Frau. Dann schaut er tief in ihre Augen und sagt mit einer langsamen Stimme: "Streich mein Haus..."

Ein Professor und ein Student stehen zufällig nebeneinander auf der Toilette. Sagt der Student: "Es ist aber schön, dass wir hier mal nicht als Professor und Student, sondern als zwei Männer stehen." Antwortet der Professor: "Ja, aber wie ich sehe, haben sie auch diesmal wieder den Kürzeren gezogen."

Zwei Ostfriesen treffen sich. Der eine kommt mit dem Fahrrad, der andere mit einem Porsche. Der Fahrradfahrer fragt den Porschefahrer: "Woher hast Du denn dieses tolle Gefährt?" Antwortet der andere: "Mir ist da gestern ein dolles Ding passiert. Ich stehe an der Straße, mache auf Anhalter. Hält doch glatt ein Porsche mit einer wunderschönen, schlanken Blondine drinnen an und nimmt mich mit. Sie fährt mit mir in einen abgelegenen Waldweg, zieht sich den Slip unter dem Rock aus und sagt: "Du kannst jetzt alles von mir haben, was Du willst! "Ich habe mich daraufhin für den Porsche entschieden." "Das hast Du ganz richtig gemacht", sagt der Fahrradfahrer. "Schließlich konntest Du ja nicht wissen, ob Dir der Slip gepasst hätte."

Ein Ehepaar unterhält sich nach langer Ehe. Er: "Sag, Liebes, in der Zeit, die wir zusammen sind, hast du mich jemals betrogen?" Sie: "Musst du mich in so einem schönen Moment derartiges fragen?" Er: "Ja, ich will es unbedingt wissen. Hast du?" Sie: "Wenn es unbedingt sein muss: ja, ich habe. Ich habe dich dreimal betrogen." Er: "Wie konnte es nur dazu gekommen?"

Sie: "Nun ja, du erinnerst dich bestimmt an damals, als wir unbedingt diesen Kredit aufnehmen mussten, um unser Haus behalten zu können. Keine Bank wollte ihn dir damals geben. Da kam doch plötzlich der Direktor persönlich zu uns nach Hause und hatte unterschrieben, ohne eine Frage zu stellen. Das war das erste Mal, dass ich dich betrogen habe." Er schluckt: "Oh Schatz, dann hast du es also für uns getan? Wie sehr musst du mich lieben! Und das zweite Mal, wann war das?"

Sie: "Du hattest diesen Herzanfall und warst schwer krank. Die Operation war so teuer und keiner wollte sie bezahlen. Bis dieser Chirurg kam und sie umsonst für dich getätigt hat. Das war das zweite Mal." Er: "Dann hast du es also wieder nur für mich getan? Wie Groß muss deine Liebe für mich sein, dass du bereit bist, so etwas zu tun." Sie: "Und das dritte Mal - Na ja, du wolltest doch damals Präsident des Golfclubs werden - aber es fehlten dir noch 21 Stimmen!"

Fritzchen spielt mit der Eisenbahn. "Bitte einsteigen! Die Kinder in die Mitte, die Männer nach hinten und die Schlampen nach vorne!" ruft er laut. Als das die Mutter in der Küche hört schimpft sie: "Eine Stunde Spielverbot!"

Eine Stunde später spielt Fritzchen wieder mit der Eisenbahn und sagt: "Die Kinder in die Mitte, die Männer nach hinten und die Frauen nach vorne!" - "Na also!" sagt die Mama, "Es geht doch!" Darauf Fritzchen "... und wegen der Schlampe in der Küche haben wir jetzt eine ganze Stunde Verspätung!"

Eine Blondine macht Urlaub in Österreich. Sie sitzt in einem kleinen Kaffeehaus und ist ganz in die Frankfurter Allgemeine Zeitung vertieft. Da setzt sich ein Österreicher neben sie und spricht sie an: "Du, die Frankfurter les I net. Lesen tu I di Kronenzeitung. Mit der Frankfurter wisch I mir den Arsch ab."

Zwei Schwuchteln sitzen im Taxi. Sagt der eine zum anderen: "Du Schatz ich muss gleich einen lassen!" Sagt der andere: "Na dann mach doch!" Also furzt er los: pssssssss! "Och das war gut". Nach einer Weile sagt der andere: "Jetzt muss ich aber auch mal pupsen hihi"; und pupst auch los: "pssss"! Das geht immer so weiter bis der Taxifahrer ausrastet: "Verdammt nochmal könnt ihr nicht furzen oder was? Das geht so... bbbbbbbrrrrrrrrrrrrrrrrrrrRRRrrrrrttttttttttttTTt! Sagt der eine Schwule: Ooooh Schatz hör doch, der ist ja noch Jungfrau!!!!

Fressen zwei Kannibalen einen Clown, da meint der eine: "Der schmeckt aber sehr komisch!"

Die Wahrsagerin erklärt ihrer Kundin: "Mein Kaffeesatz verheißt nichts Gutes für Sie. Ihr Mann wird umgebracht."
Fragt die Frau neugierig: "Oh, und was sagt der Kaffeesatz noch? Werde ich freigesprochen?"

"Die Scheidung war ja noch teurer als die Hochzeit damals", jammert der Klient. "Dafür haben Sie aber auch länger Freude daran", erwidert der Anwalt.

Pferde können ganz schön lustig sein. Manchmal veräppeln sie die ganze Straße.

Zwei Freundinnen über eine Dritte: Sie hat wirklich alles, was sich ein Mann wünscht: Bart und Muskeln.
Ein Mann ist auf Montage geht In den Puff und legt der Chefin 100 Euro auf den Tisch, sagt er möchte gern die hässlichste Frau, die sie hat. Da sagt die Chefin: "Für 100 Euro bekommen sie auch die schönste. Darauf sagt der Mann: "Nee-sorry-ich-hab-Heimweh."

Ein Mann kommt an die Himmelstür klopft und bittet um Einlass. Petrus schaut in sein großes Buch um nachzusehen, ob er dem Mann Einlass gewähren kann. Nach einigen Minuten schließt Petrus das Buch, reibt sich den Bart und meint: "Ich kann in meinem Buch nichts finden, was darauf schließen lässt, dass du was besonders in deinem Leben geleistet hast. Aber auch etwas Schlimmes kann ich nicht finden. Ich habe einen Vorschlag. Wenn du mir von nur einer WIRKLICH guten Tat erzählen kannst, lasse ich dich rein." Der Mann denkt einem Moment nach und meint: "Ok, da war diese eine Mal, als ich die Autobahn entlang gefahren bin und eine Rockertruppe sah, die gerade dabei war, eine junge Frau zu belästigen. Ich fuhr langsam rechts ran und bemerkte, dass es ungefähr 5 Rocker waren, die die Frau belästigten. Also sprang ich aus meinem Auto, packte den Wagenheber und ging direkt auf den Bandenführer zu. Dieser war ein riesiger Mann mit einer Lederjacke und einer Kette von der Nase zum Ohr. Als ich zum Bandenführer ging, bildeten die anderen Rocker einen Kreis um mich. Danach habe ich den Bandenführer die Kette aus der Nase gerissen und ihm mit dem Wagenheber eins übergebraten. Letztendlich drehte ich mich um und schrie dem Rest der Gang zu: 'Ihr Haufen Abschaum der Menschheit, lasst die arme Frau in Ruhe und schert euch nach Hause, bevor ich euch beibringe, was Schmerzen sind." Petrus stark beeindruckt meint dazu: "Wow, wann ist denn das passiert?" - "Eben gerade, noch vor ein paar Minuten..."

Ein Mann wird kurz vor seiner Hinrichtung gefragt, ob er noch einen Wunsch habe. Antwort: "Eine Tasse Kaffee." Der Henker bringt das Gewünschte und fragt: "Mit Milch und Zucker?" - Der Todeskandidat: "Ohne Zucker, ich bin Diabetiker!"

Zwei Männer im Knast. Plötzlich fragt der eine den anderen "Was hat dein Vater gesagt als du in Knast gekommen bist?" "Na, herzlich Willkommen, mein Sohn!"

Es war einmal ein Mann, der unheimlich gern gekochte Bohnen aß. Er liebte sie, aber leider hatten sie immer so eine unangenehme und irgendwie "lebendige" Wirkung bei ihm. Eines Tages lernte er ein Mädchen kennen und verliebte sich in sie. Als sie dann später heiraten wollten, dachte er sich: "Sie wird mich niemals heiraten, wenn ich nicht damit aufhöre." Also zog er einen Schlussstrich und gab die Liebe zu den Bohnen auf. Kurz nach der Hochzeit, auf dem Heimweg, ging sein Auto plötzlich kaputt und weil sie weit draußen auf dem Land wohnten, rief er seine Frau an und sagte, dass er später komme, weil er laufen müsste. Als er dann so lief, kam er an ein Café, aus dem der unwiderstehliche Geruch von heißen Bohnen strömte. Weil er ja nun noch einige Meter zu laufen hatte, dachte er sich, dass die Wirkung der Bohnen bis nach Hause nachgelassen haben dürfte. Also ging er in das Café, und bestellte sich drei extra große Portionen Bohnen. Auf dem Heimweg furzte er ununterbrochen. Als er dann schließlich daheim ankam, fühlte er sich ziemlich sicher. Seine Frau erwartete ihn schon und wirkte ziemlich aufgeregt. "Liebling, ich habe für dich die beste Überraschung zum Abendessen vorbereitet!" und band ihm ein Tuch vor die Augen. Dann führte sie ihn zu seinem Stuhl und er musste versprechen, nicht zu spicken. Plötzlich spürte er, wie sich langsam und unaufhaltsam ein gigantischer Furz in seinem Darm bildete. Glücklicherweise klingelte genau in diesem Moment das Telefon und seine Frau bat ihn, doch noch einen Moment zu warten. Als sie gegangen war, nütze er die Gelegenheit. Er verlagerte sein Gewicht auf das linke Bein und ließ es krachen. Es war nicht nur laut, sondern roch auch wie verfaulte Eier. Er konnte kaum noch atmen. Er ertastete sich seine Serviette und fächerte sich damit Luft zu. Er hatte sich kaum erholt, als sich eine zweite Katastrophe anbahnte. Wieder hob er sein Bein und fffffffrrrrrrrrrrrrtttttttttttt! Es hörte sich an wie ein startender Dieselmotor und roch noch schlimmer. Um nicht zu ersticken, fuchtelte er wild mit den Armen, in der Hoffnung, der Gestank würde sich verziehen. Als sich wieder alles etwas beruhigt hatte, spürte auch schon erneut ein Unheil heraufziehen.

Diesmal hob er sein anderes Bein und ließ den heißen, feuchten Dampf ab.

Dieser Furz hätte einen Orden verdient! Die Fenster wackelten, das Geschirr auf dem Tisch klapperte und eine Minute später waren alle Blumen tot. Das ging die nächsten 10 Minuten so weiter und immer wieder lauschte er, ob seine Frau noch am Telefon sprach. Als er dann hörte, wie der Hörer aufgelegt wurde (was auch gleichzeitig das Ende seiner Einsamkeit und Freiheit bedeutete), legte er fein säuberlich die Serviette auf den Tisch und legte seine Hände darauf. So zufrieden lächelnd, war ein Sinnbild für die Unschuld, als seine Frau zurückkam. Sie entschuldigte sich, dass es so lang gedauert hatte und wollte wissen, ob er auch ja nicht gespickt hatte. Nachdem er ihr versichert hatte, dass er nicht gespickt hatte, entfernte sie die Augenbinde und rief: "Überraschung!!" Zu seinem Entsetzen musste er feststellen, dass am Tisch noch zwölf Gäste saßen, die ihn entgeistert anstarrten.

Treffen sich zwei Jäger – beide tot.

Wie nennen Kannibalen Skelette? Leergut!!

"In welcher Zeitung steht: 'Mann warf seine Frau aus dem Fenster? 'In der Bild-Zeitung. Und in welcher Zeitung steht: 'Frau warf Mann aus dem Fenster?' In Schöner Wohnen."

Kommt ein Mann zum Optiker. Fragt der Optiker: "Na, tut's die Alte nicht mehr?" Antwortet der Mann: "Das geht sie gar nichts an. Ich brauche 'ne neue Brille."

Der Tierarzt ruft an: "Ihre Frau ist mit ihrer Katze da und bat mich, sie einzuschläfern. Ist das in Ordnung?" "Klar, die Katze können Sie einfach vor die Tür setzen, die kennt den Heimweg!"

"Ich bin Kettenraucher, und du?" - "Ich rauche Zigaretten. Ketten schmecken mir nicht."

"Ich möchte eine CD von Bach." - Verkäufer: Von Johann Sebastian oder von Offen?"

Beim Zahnarzt. "Ist etwas mit meinen Zähnen?" fragt das Skelett. "Nein, aber Ihr Zahnfleisch macht mir Sorgen.

"Gegen Ihr Übergewicht hilft leichte Gymnastik", mahnt der Doktor. "Sie meinen Liegestütze und so?" "Nein, es genügt ein Kopfschütteln, wenn man Ihnen etwas zu essen anbietet."

"Immer wenn du beim Angeln warst bist du so nervös." - "Bin ich auch." - "Und ich habe geglaubt, Angeln ist gut für die Nerven." - "Aber nur, wenn man einen Angelschein hat."

Zwei Arbeitskollegen: "Karl, was arbeitest du gerade?" - "Nichts!" - "Gut, wenn du damit fertig bist, machen wir Feierabend."

"Herr Maier, warum haben Sie denn nicht an unserem Betriebsausflug teilgenommen?" - "Ach, meine Frau meinte, ich hätte dazu keine Lust."

Ehemann beim Rechtsanwalt: "Ich möchte mich von meiner Frau scheiden lassen, weil wir uns seit unserer Heirat immer nur streiten." Rechtsanwalt: "Können Sie sich noch an den ersten Streit erinnern?" Ehemann: "Ja ganz genau, gleich bei der Hochzeit ging es los, meine Frau wollte unbedingt mit auf das Hochzeitsfoto!!"

"Mami, schau mal, der Mann da isst die Suppe mit der Gabel!" "Sei still!" "Mami, guck mal, jetzt trinkt er aus der Blumenvase!" "Du sollst still sein!" "Aber Mami, jetzt isst er sogar die Serviette auf!" "Dann gib ihm doch endlich seine Brille zurück, damit endlich Ruhe ist!"

"Von wo hast Du denn das blaue Auge her?"
"Naja, das war folgendermaßen: Ich stand auf der Rolltreppe im Kaufhaus und vor mir war eine Frau. Bei der hatte sich der Rock in der Pofalte eingeklemmt. Da wollte ich höflich sein und hab ihn rausgezogen. Daraufhin hat sie sich umgedreht und mir eine geschmiert."
"Na gut, aber warum ist dann auch Dein anderes Auge blau?"
"Naja, ich wollte meinen Fehler wieder gutmachen und hab den Rock zurückgesteckt!"

Ein Schwarzer nimmt 'ne Anhalterin mit. Sie fahren so zwei Stunden dahin, bis sie ihm mitteilt, er könne jetzt rechts ranfahren und sie 'rauslassen, sie wäre jetzt am Ziel. Als sie beim Aussteigen ist, sagt er: "Also weißt Du, jetzt bist Du zwei Stunden mit mir mitgefahren, jetzt müsste doch so 'ne kleine Nummer drin sein, oder?" Nach kurzem Überlegen sagt sie: "Naja, Nummer ist nicht, Ihr Schwarzen habt doch so einen Langen, aber blasen werde' ich Dir einen..." Der Schwarze verdreht die Augen: " Blasen... blasen... blasen kann ich mir auch selbst einen!"

Ein Vertreter fährt durch den Bayerischen Wald. Auf einmal sieht er am Straßenrand einen kleinen Jungen, der einen Hasen vögelt. Der Vertreter fährt entsetzt weiter. Ein paar Kilometer weiter sieht er einen alten Mann, der sich voller Lust einen runterholt. Der Vertreter ist total erschüttert, hält an der nächsten Tankstelle und erzählt dem Tankwart:
"Stellen sie sich vor, grad hab ich einen kleinen Bub gesehen, der 'nen Hasen gebumst hat!" Der Tankwart: "Hm naja.....Kinder-halt."
"Ja und ein paar Minuten weiter hab ich einen alten Opa gesehen, der wie wild gewichst hat! Wieso denn dieses?"
Darauf der Tankwart: "Na, in dem Alter erwischt man halt so leicht keinen Hasen mehr..."

Meine Freundin und ich planen, zu heiraten. Meine Freundin ist eine Traumfrau. Da ist aber etwas, das mich beunruhigt: Ihre jüngere Schwester. Sie ist 20 Jahre alt, trägt Minis und weit ausgeschnittene T-Shirts. Immer wenn sie in meiner Nähe ist, gestattet sie mir Einblick in ihre Unterwäsche und in ihren Ausschnitt. Das macht sie bei niemandem sonst, nur bei mir.

Eines Tages rief mich die kleine Schwester an, um mit mir einen Termin abzumachen. Sie wollte über die Planung der Hochzeit und die Gästeliste sprechen. Als ich bei ihr ankam, war sie alleine zu Hause. Sie flüsterte mir ins Ohr, sie wolle nur ein einziges Mal vor der Hochzeit mit mir schlafen. Wirklich nur ein einziges Mal. Sie sei total scharf auf mich. Niemand würde je davon erfahren, danach würde sie wieder die brave kleine Schwester sein. Ich war total schockiert. Sie sagte, sie würde jetzt die Treppe hochgehen. Wenn ich es ebenso wie sie wolle, solle ich ihr einfach ins Schlafzimmer folgen. Oben angekommen warf sie mir ihr Höschen entgegen und verschwand im Schlafzimmer. Ich sagte kein Wort, verließ das Haus und ging zu meinem Auto. Draußen tauchte auf einmal mein zukünftiger Schwiegervater auf, umarmte mich und sagte in Tränen: "Wir sind so glücklich, dass du unseren kleinen Test bestanden hast. Wir können uns keinen besseren Mann für unsere Tochter wünschen. Willkommen in der Familie". Die Moral dieser Geschichte? Bewahre deine Kondome immer im Auto auf.

Frau: "Aber Herbert, Du sagst doch immer, dass angurten nicht nötig ist!" Der Mann schreit seine Frau an: "Halt endlich den Mund!" Polizist: "Redet Ihr Mann immer so mit Ihnen?" Frau: "Nein, nur wenn er betrunken ist!"

Die Idealmaße eines Mannes: 80 – 20 – 42. 80 Jahre alt 20 Millionen auf der Bank 42 Grad Fieber.

Treffen sich drei Biobauern und unterhalten sich, was sie die letzten drei Monate alles gemacht haben. Sagt der erste: "Ich hab' 'ne neue Kreuzung, der Hammer, ich habe meine Kühe mit Bienen gekreuzt."- "Und was bringt das?", fragen die anderen. "Na ist doch klar - jedes Mal wenn ich 'ne Kuh melke', kommt gleich Honig raus." Sagt der zweite: "Ist noch gar nix, ich hab' meine Schweine mit Tausendfüßlern gekreuzt."
"Und was soll das bringen?" "Na jedes Mal, wenn ich 'ne Sau schlachte, hab' ich gleich tausend Schweinshaxen..." Sagt der dritte: "Schön, aber das ist ja alles nix gegen meine Leistung: Ich hab' Glühwürmchen mit Filzläusen gekreuzt!" "Wie?" fragen die anderen, "was hat denn das mit unserem Job zu tun?"- "Das ist der Oberhammmer! Jedes Mal, wenn ich meine Frau leck', glaub' ich, ich bin in Las Vegas..."

Aufgeregter Anruf bei der Bergwacht: „Wir haben einen Lawinenabgang, es sind Menschen verschüttet!" – „Skiläufer oder Snowboarder?" – „Ist doch egal! Menschen!" – „Schon, aber wir müssen wissen, ob wir den Lawinen- oder den Drogenhund schicken sollen."

In einem Dorf in Afrika lebt als einziger Weißer ein Missionar. Eines Tages kommt ein Eingeborener zu ihm und fragt: "Wie kann es sein, dass meine Frau gerade ein Kind bekommen hat, das nicht so schwarz ist wie ich, sondern weiß?" Der Missionar schaut ihn lange an und überlegt, wie er die Sache mit den Genen und den Mutationen usw. erklären soll, und dass so etwas in hunderten von Jahren schon einmal vorkommen könne. Da fällt sein Blick auf die große Schafherde die gerade an seiner Hütte vorbeizieht. "Schau diese Schafe" sagt er, "sie sind alle weiß nur dort hinten sehe ich ein schwarzes Schaf, es ist das einzige in der gesamten Herde. . . " "Ja, ja, schon gut. " , unterbricht ihn darauf der Eingeborene, "Alles klar. Ich sage nichts mehr, und Du verrätst mich auch nicht. . . "

Der Apotheker und seine Assistentin Inge warten auf Kundschaft. Kommt ein Mann rein und der Apotheker fragt ihn: "Was darf's denn sein?" Der Mann sagt leise: "Ich möchte bitte Kondome kaufen." Apotheker: "Welche Größe darf's denn sein?" Mann: "Keine Ahnung, ich brauch die Dinger nicht so oft." Apotheker: "Na dann kommen sie mal mit nach hinten und legen ihr bestes Stück auf den Tisch, dann werden wir sehen." Sie gehen nach hinten, der Kunde legt seinen kleinen Freund auf den Tisch und der Apotheker fährt mit der Hand kurz auf und ab und ruft dann: "Inge, Größe 3!" Inge bringt Kondome in Größe 3 und der Kunde verlässt die Apotheke. Kurz darauf kommt noch ein Kunde und verlangt ebenfalls Kondome. Als der Apotheker ihn nach seiner Größe fragt, entgegnet der Kunde ebenfalls, dass er es nicht wisse. Der Apotheker führt auch ihn nach hinten und nach dem kurzen Auf- und Abstreichen ruft er: "Inge, Größe 2!" Inge bringt Größe 2 und der Kunde geht wieder. Kurze Zeit später kommt ein 14jähriger herein und verlangt mit rotem Kopf ein paar Kondome. Auf die Frage nach der Größe antwortet er: "Das sind meine ersten, ich weiß nicht." Der Apotheker nimmt ihn ebenfalls mit nach hinten und der Junge legt sein bestes Stück auf den Tisch. Der Apotheker streicht kurz auf und ab und ruft dann: "Inge, bring mal 'nen Lappen!"

Ein junger Anwalt, der gerade eine Kanzlei eröffnet hatte, war sehr darauf bedacht, potentiellen Kunden zu imponieren. Als er seinen ersten Besucher durch die Tür kommen sah, nahm er den Telefonhörer in die Hand und sprach, wie zu einem Kunden: "Es tut mir leid, aber ich bin so enorm beschäftigt, dass es mir für mindestens einen Monat nicht möglich sein wird, ihren Fall zu begutachten. Ich werde mich wieder melden. " Er legte den Hörer auf und wandte sich zu seinem Besucher: "Nun, was kann ich für sie tun?" - "Nichts, " antwortete der Besucher. "Ich bin nur gekommen, um ihr Telefon anzuschließen. "

Ein verheirateter Mann hat eine Affäre mit seiner Sekretärin. Eines Tages sind sie bei ihr zu Hause und lieben sich den ganzen Nachmittag. Völlig erschöpft schlafen sie ein und wachen erst um 20:00 Uhr wieder auf. Der Mann zieht sich eilig an und sagt seiner Geliebten, sie solle seine Schuhe draußen im Gras und im Schlamm reiben. Er zieht seine Schuhe an und fährt nach Hause. "Wo warst du?" fragt ihn dann seine Frau als er ankommt. "Ich kann Dich nicht anlügen!" antwortet er. "Ich habe eine Affäre mit meiner Sekretärin. Wir hatten den ganzen Nachmittag Sex." Seine Frau sieht hinunter auf seine Schuhe und sagt: "Du verdammter Lügner! Du hast wieder Golf gespielt!"

„Der Weg von der Umkleide zum Ring ist aber weit", mault der Boxer. „Beruhige dich", sagt der Trainer. „Zurück wirst du sowieso getragen."

Die Eltern finden im Zimmer des Sohnes ein Sado-Maso-Heft.
„Was sollen wir jetzt tun?" fragt sie ihren Mann.
„Ich glaube, es wäre besser, ihn nicht zu schlagen ..."

Ein Mann und seine Freundin sonnen sich am Strand. Plötzlich dringt eine Wespe in die Vagina der Frau ein. Sie fahren sofort ins Spital. Der Arzt bekommt die Wespe nicht raus, da sie zu weit drinnen ist. Daher schlägt er vor, dass der Mann Honig auf seinen Penis schmiert und ihn einführt und dann wieder rauszieht, bis er die Wespe spürt. Doch der Mann ist so aufgeregt, dass sein Penis nicht steif wird. Der Arzt schlägt daher vor, den erwähnten Eingriff selbst durchzuführen. Unter diesen Umständen willigen der Mann und seine Freundin ein. Als der Arzt schon mehrere Minuten in der Frau drinnen ist, wird der Freund schön langsam nervös: "Wie lange dauert das noch?" Sagt der Arzt: "Planänderung! Ich werde die Wespe ertränken!"

Eine Frau lässt sich abends von einem Taxi ins Spital fahren. Sie möchte dort ihren Mann besuchen, der einen Unfall hatte. Kurz vor dem Spital stellt sie fest, dass sie kein Geld dabei hat. Sie teilt dies dem Taxifahrer mit. Daraufhin führt sie dieser in eine kleine Nebengasse und sagt: "Es gibt jetzt 2 Möglichkeiten. Entweder Sie singen mir etwas vor, oder Sie ziehen sich aus und spreizen die Beine!" Etwas später im Spital erzählt die Frau ihrem Mann von dem Vorfall. Dieser fragt: "Und was hast Du im vorgesungen?" Die Frau antwortet: "Glaubst Du, mir ist zum Singen zumute, wenn Du im Spital liegst?"

Die kleine Steffi geht mit ihrer Mutter im Park spazieren. Plötzlich sieht sie, wie zwei Jugendliche auf der Bank Sex haben. Steffi: "Mama, was machen die da?" Die Mutter zögert etwas und antwortet schließlich: "Die backen gerade einen Kuchen!" Steffi: "Dann hast du gestern am Sofa zusammen mit Papa auch einen Kuchen gebacken, oder?"
Die Mutter antwortet verlegen: "Woher weißt du das?"
Steffi: "Weil ich gestern die Kuchenglasur vom Sofa geleckt habe!"

Ein Mann fährt mit seinem Porsche mit 160 km/h auf einem Autobahnabschnitt, auf dem man maximal 100 fahren darf. Plötzlich bemerkt ein Polizeiauto mit eingeschaltetem Blaulicht hinter sich. Der Porschefahrer weiß, dass er jetzt in Schwierigkeiten ist, denkt sich aber, er wird die Polizeistreife einfach abhängen. Daher beschleunigt er auf 180, 200, 220 und schließlich auf 240. Das Polizeiauto bleibt aber dicht hinter ihm. Frustriert hält der Porschefahrer an und stellt sich der Polizei. Polizist: "Sagen sie mir einen guten Grund, wieso ich ihnen jetzt nicht das teuerste Strafmandat geben sollte, dass die Welt je gesehen hat!" Porschefahrer: "Letzte Woche ist meine Frau mit einem Polizisten durchgebrannt!" Polizist: "Und?" Porschefahrer: "Ich dachte, sie wollten sie zu mir zurückbringen!"

Wie stirbt eine Hirnzelle einer Blondine? Alleine.

Warum nimmt die Blondine die Pille? Damit sie weiß, welcher Wochentag ist!

Was macht eine Blondine im Reisfeld? Sie sucht Uncle Bens.

3 junge Männer kommen in ihrem Winterurlaubsort an. Da sie nicht viel Geld haben, quartieren sie sich in einer Jugendherberge ein. Nachdem es in dieser allerdings nicht mehr genug freie Zimmer gibt, müssen sie sich zusammen ein Zimmer nehmen, wobei sie zu dritt in einem Doppelbett schlafen müssen. In der Nacht wachen die 3 plötzlich auf. Der Mann, der auf der rechten Seite des Betts geschlafen hat, sagt: "Ich hatte diesen komischen, wilden Traum, dass ich von jemandem mit der Hand befriedigt wurde!" Der Mann, der auf der linken Seite des Betts geschlafen hat, sagt: "Komisch! Ich hatte denselben Traum!" Schließlich sagt der Mann, der in der Mitte geschlafen hat: "Und ich habe geträumt, dass ich Ski gefahren bin!"

Wann ist ein Mann einen Euro wert? Wenn er einen Einkaufswagen vor sich herschiebt!

Warum haben Frauen so kleine Hände? Damit sie beim Putzen besser in die Ecken kommen!

Welcher Tag ist der arbeitsintensivste für einen Beamten? Der Montag, da muss er gleich zwei Kalenderblätter abreißen.

Wie kann man eine Blondine montagmorgens zum Lachen bringen? Freitagabends einen Witz erzählen!

„Meine Frau schreit immer, wenn sie kommt." – „Meine nicht, die hat einen Haustürschlüssel."

Nach der goldenen Hochzeitsfeier liegt das alte Ehepaar im Bett. Die Gäste sind - genauso wie vor 50 Jahren - bei ihnen im Haus einquartiert. Sagt der Mann zu der Frau: "Kannst Du Dich noch erinnern Schatzi, vor 50 Jahren unsere Hochzeitsnacht? Ich hab mir in den Finger geschnitten, damit alle glaubten, du wärst noch Jungfrau!" Daraufhin fragt sie ihn: "Verlangst du jetzt von mir vielleicht, dass ich mich ins Leintuch schnäuzen, damit alle glauben du kannst noch?"

Warum können Beamte nicht tanzen? Weil es keine Band gibt, die so langsam spielen könnte!

Paul zu seiner Frau: „Wieso guckst du eigentlich immer diese Koch-Shows im Fernsehen? Du kannst doch gar nicht kochen!" Darauf sie: „Na und, du guckst doch auch Pornos!"

Eine Frau wird zu Grabe getragen, der Trauerzug ist mehrere Hundert Meter lang. Ein Fremder sieht das und wundert sich über die rege Anteilnahme. Er fragt den Witwer, was denn passiert sei. Dieser erzählt ihm, dass seine Frau von seinem eigenen Hund totgebissen wurde. Der Fremde fragt ihn, ob er ihm vielleicht den Hund verkaufen würde. Darauf antwortet der Witwer: „Sie sehen doch, wo das Ende der Schlange ist."

Der Ehemann kommt früher nach Hause, seine Frau liegt nackt im Bett. Er freut sich und will nur noch rasch ins Bad. Dort trifft er einen nackten Mann. Er fragt empört: „Wer sind Sie denn!" – „Ich bin der Kammerjäger und jage bei Ihnen die Motten!" – „Aber Sie haben gar nichts an!" – „Diese Mistviecher!"

Knapp drei Wochen ist es her, dass die süße Inge geheiratet hat, schon stöhnt sie verzweifelt: „Herrje – hätte ich doch bloß keinen Fußballer ¬geheiratet! Die sind alle gleich: Hinten fummeln sie rum, vorne kriegen sie nichts rein, und wenn sie mal absteigen sollen, dann wehren sie sich mit Händen und Füßen!"

Ein älteres Ehepaar steigt am Essener Hauptbahnhof in ein Taxi. Der Fahrer fragt: „Wo soll es hingehen?" Der Opa antwortet: „Nach Altenessen." Darauf die schwerhörige Oma: „Was hat er gesagt?" Der Opa: „Er hat gefragt, wohin wir wollen." Dann fragt der Taxifahrer: „Wen besuchen Sie denn?" Der Opa: „Unseren Sohn." Die Oma: „Was hat er gesagt?" Der Opa: „Er will wissen, wen wir besuchen." Der Taxifahrer erneut: „Wo kommen Sie denn her?" Der Opa: „Aus Berlin." Darauf der Taxifahrer leise: „In Berlin hatte ich den schlechtesten Sex meines Lebens." Die schwerhörige Oma: „Was hat er gesagt?" Darauf der Opa: „Er sagt, er kennt dich …"

Sagt ein Mann zu Hause, dass er zum Arzt eine Urin-, Stuhl- und Sperma -Probe mitbringen muss. Darauf seine Frau: „Schatz, nimm doch deine braune Cordhose."

Nach der Hochzeitsfeier begibt sich das junge Paar zum Hotelzimmer. Nervös fummelt der Mann mit dem Schlüssel herum und versucht fünf Minuten lang, ihn ins Schlüsselloch zu stecken. Seufzt die junge Frau: „Na, das fängt ja gut an."

Das Brautpaar steht vor dem Pfarrer. Die Trauung ist fast vollzogen. Leichenblass unterbricht da der Bräutigam den Pfarrer: „Moment! Moment! Wie lange sagten Sie eben?"

Auf der Wiese: Schaf zum Rasenmäher: „Mäh!" Sagt der Rasenmäher: „Du hast mir gar nichts zu befehlen!"

„Frau Fischer, ich würde gern mit ihrer Tochter fischen gehen!" – „Aber ich heiße doch Vogel?" – „Na ja, ich wollte nicht gleich mit der Tür ins Haus fallen!"

Treffen sich ein Glatzkopf und ein Rothaariger. „Na, wollte dir der liebe Gott keine Haare schenken?", fragt der Rothaarige hämisch. Antwort: „Doch! Rote! Aber die wollte ich nicht."

Geht ein Mann mit einer Axt und einer Angel aufs Eis. Er haut ein riesiges Loch ins Eis und hört auf einmal eine Stimme „Hier gibt es keine Fische." Der Mann wundert sich, geht weiter und haut wieder ein riesiges Loch ins Eis. Wieder die Stimme „Hier gibt es keine Fische." Sagt der Mann „Herr, was willst du mir damit sagen?" Darauf die Stimme: „Hier spricht nicht der Herr, hier spricht der Stadionsprecher."

Nachts bei der Verkehrskontrolle. Der Autofahrer hat keine Papiere. Sagt der Polizist: „Wir müssen Ihre Personalien überprüfen. Wie heißen Sie?" – „Franz Beckenbauer." – „Sie wollen mich wohl veräppeln? Den kenne ich doch. Also, noch mal, wie heißen Sie?" – „Johann Wolfgang von Goethe." – „Na also, geht doch."

Der unansehnliche Chef hält der bildhübschen Sekretärin einen Kugelschreiber unter die Nase: „Wenn Sie mir sagen können, was das ist, dürfen Sie mit mir schlafen." Sie: „Äh, eine Apfelsine ...?" Er: „Ich glaube, das kann man gelten lassen ..."

Drei Männer sind auf einer einsamen Insel gestrandet. Kommt eine Fee vorbei: „Ihr habt jeder einen Wunsch frei!" Der Erste ruft: „Ich will hier weg – ganz schnell." Weg ist er. Darauf der Zweite: „Ich will hier auch weg." Er verschwindet ebenfalls. Der Dritte schaut sich um und sagt: „Ach Mensch, das ist ja jetzt öde hier. Ich hätte gern meine Kumpels zurück!"

Der Lehrling im Tante-Emma-Laden soll das Verkaufen lernen. Der Chef macht's ihm vor: Einer Kundin dreht er zum Gardinen-Weißer noch eine Flasche Fensterputzmittel an, damit die Fenster besser glänzen zu den weißen Gardinen. Jetzt ist der Lehrling dran. Eine Kundin kommt rein: „Eine Packung Tampons, bitte." Der Lehrling: „Und nehmen Sie doch noch eine Flasche Fensterputzmittel." Die Kundin verdutzt: „Warum das denn?" Der Lehrling: „Na, wenn Sie schon keinen Sex haben können, können Sie ja wenigstens Fenster putzen!"

Kommt ein Mann zum Arzt: „Doktor, jeden Morgen um 6.30 Uhr hab ich Stuhlgang. Ich bin völlig am Ende." Sagt der Arzt: „Mensch, ist doch toll. Andere brauchen Abführmittel." Der Patient: „Ich wach aber erst um 8 auf."

Ein arbeitsloser Frauenarzt bewirbt sich als Gehilfe bei Malermeister Pinsel. Nach einem Test-Arbeitstag fragt Pinsel seinen Gesellen Färber, wie der Neue sich so angestellt hat. Sagt der Geselle: „Der Typ hat's drauf. Der hat durch den Briefkasten-Schlitz den ganzen Hausflur gestrichen."

Die Kuh eines holsteinischen Bauern ist krank. Besorgt fragt er seinen Nachbar: "Was hast du denn damals deiner Kuh gegeben als sie so krank war?" "Salmiak-Geist", gibt der zur Antwort.   Also,   gesagt,   getan. Nach einer Woche besucht der Bauer seinen Nachbarn. "Meine Kuh ist tot", sagt er. "Ja, meine damals auch."

Treffen sich zwei Bauern. Sagt der eine Bauer zum anderen: "He Fiete, da hinten auf deinem Acker macht deine Frau mit deinem Knecht rum!" Dreht sich Fiete um und meint: "Das ist nicht mein Acker."

Zwei Blondinen unterhalten sich. Sagt die eine: „Ich war beim Schwangerschaftstest." Darauf die andere: „Und? Waren die Fragen schwer?"

Zwei Alkoholsünder treffen sich beim „Idiotentest". Für beide die letzte Chance. Der erste Kandidat wird aufgerufen. Nach einer Minute kehrt er jubelnd zurück: „Geschafft!" Der andere fragt ungläubig: „So schnell? Was haben sie dich denn gefragt?" – „Ich sollte den Unterschied zwischen Ente und Fisch erklären und habe gesagt: Die Ente schwimmt auf dem Wasser, der Fisch im Wasser. Und das war's." Dann muss der zweite Kandidat rein. Nach einer Minute kommt er frustriert zurück: „Ich bin durchgefallen." – „Was haben sie dich denn gefragt?" – „Ich sollte den Unterschied zwischen Hirsch und Schwan erklären." – „Und was hast du geantwortet?" – „Ganz einfach: Der Hirsch öffnet um 15 Uhr, der Schwan erst um 18 Uhr ..."

Gehen 2 Polizisten mit einem Schäferhund die Straße entlang.
Da bückt sich der eine Polizist immer wieder einmal, hebt dem Hund den Schwanz hoch und schaut sich den Hintern des Hundes genauer an. Sagt der andere Polizist: "Mensch was machst den du da?" Sagt der: "Die Passanten da haben gesagt: Da kommt wieder der Schäferhund mit den zwei Arschlöchern!"

Drei Jugendliche gehen in Berlin an der Spree spazieren. Da kommt Gerhard Schröder gelaufen, vertritt sich den Fuß und fällt ins Wasser. Alle drei Jungs springen hinterher, ziehen ihn heraus. Gerhard sagt zu ihnen: "Ihr habt alle 3 einen Wunsch frei, egal was es ist!" Der erste will ein Motorrad, der zweite ein Auto, der dritte will einen Rollstuhl. Da fragt Gerhard warum, denn er sei doch noch so jung. Da antwortet er:
"Wenn ich meinem Vater erzähle, dass ich sie hier rausgeholt habe, dann schlägt er mich zum Krüppel."

Was haben Männer und Wolken gemeinsam? Wenn sie sich verziehen, wird es noch ein schöner Tag.

Klein Erna wacht nachts auf und spaziert durch die Wohnung. Die Tür zum Elternschlafzimmer steht einen Spalt auf. Sie blickt hinein, wendet sich dann empört ab und sagt: "Mir haut Mami immer eine runter, wenn ich am Daumen lutsche."

Ein neuer Tierarzt ist im Dorf. Eines Tages erscheint er bei Bauer Bröselmeier auf dem Hof und behauptet doch tatsächlich, mit den Tieren sprechen zu können. Bröselmeier lacht sich darüber kaputt, während sich der Tierarzt schon mit der Kuh unterhält. "Na, was hatte sie denn gesagt?", will der Bauer grinsend wissen. "Sie hat gesagt, dass der Melker viel zu raue Hände habe und ihr schon die Zitzen schmerzen." Der Bauer sieht sich den Euter an und tatsächlich: die Zitzen sind entzündet. Nun geht der Tierarzt zu dem Pferd und erkundigt sich nach dem Wohlbefinden. "Na, was sagt der Gaul?" fragt der Bauer, schon etwas verunsichert.
"Er sagt, sein rechter hinterer Huf schmerze. Wahrscheinlich sei das Hufeisen locker. "Der Bauer sieht nach und tatsächlich: Das hintere Hufeisen muss dringend erneuert werden.
Währenddessen begibt sich der Tierarzt zum Ziegenstall. Als der Bauer das sieht, rennt er an ihm vorbei, springt mit einem gewagten Satz über die Absperrung, hält der Ziege das Maul zu und flüstert ihr aufgeregt ins Ohr: "Halt bloß die Schnauze. Erstens ist es schon fünf Jahre her und zweitens war ich besoffen."

Mama ist genervt, weil Klein Erna ständig am Daumen lutscht. "Klein Erna, wenn du damit nicht aufhörst, wirst du noch so dick wie Tante Molli."
Am nächsten Tag sitzt Klein Erna im Bus einer schwangeren Frau gegenüber und grinst diese unverschämt an. "Was lachst du denn dauernd so?", fragt die Frau. "Ätsch", antwortet Klein Erna, "ich weiß, was du gemacht hast."

Schröder muss zu einem wichtigen Termin und weist seinen Fahrer an, auf die Tube zu drücken. Unterwegs läuft ein Schwein über die Straße, der Fahrer schafft es nicht mehr rechtzeitig zu bremsen und überfährt das Tier. Fahrer: "Was machen wir jetzt?" Schröder: "Der Bauer wohnt glaube ich direkt da vorne. Gehen sie hin und bezahlen sie das Tier. Aber beeilen sie sich." Als der Fahrer endlich nach einer halben Stunde mit Würsten umhängt und einer Flasche Wein in der Hand zurückkommt fragt Schröder: "Warum hat das solange gedauert und wofür ist das ganze Zeug da?" Darauf der Fahrer: "Naja, ich bin zu dem Bauern gekommen, habe gesagt ich wäre der Fahrer vom Bundeskanzler und ich hab das Schwein überfahren......"

Klein Erna hat beim Baden den kleinen Unterschied zwischen sich und ihrem Bruder entdeckt. "Mutti", jammert sie, "wann kriege ich denn auch so was zwischen den Beinen?" Antwortet die Mutter: "Geduld, mein Kind, nur Geduld."

Bei einem Kleinbauern in Oldenburg erscheint eines Tages ein Kontrolleur der Arbeitsagentur, um zu überprüfen, ob der Bauer seine Arbeitskräfte angemessen entlohnt. Der Bauer antwortet: "Ich habe einen Arbeiter, seit drei Jahren. Er bekommt 300 Euro die Woche plus Kost und Logis. Die Küchenhilfe bekommt 250 Euro plus Kost und Logis. Und dann habe ich den Dorf-Trottel. Der arbeitet 18 Stunden jeden Tag, macht 90 Prozent der Arbeit, kriegt etwa 100 Euro die Woche, zahlt für sein Zimmer und Essen, und außerdem kaufe ich ihm jeden Sonnabend eine Flasche Whisky. Manchmal schläft er mit meiner Frau." "Aha", sagt der Inspektor, "mit dem würde ich gern mal reden." - "Dann mal los", sagt der Bauer, "das bin ich!"

"Schön", sagt die fesche Blonde zu dem jungen Mann, den sie seit einer Stunde kennt, "auf einen Kaffee dürfen Sie noch mit hoch. Aber unter einer Bedingung: Im Bett wird nicht geraucht!"

Eine Blondine, eine Brünette und eine Rothaarige sind auf einer Insel gelandet. Das Festland ist 20 Kilometer entfernt. Zuerst sagt die Rothaarige, dass sie rüber schwimmt. Sie schafft 7 Kilometer und ertrinkt. Die Brünette schafft 14 Kilometer und ertrinkt. Die Blondine schafft 19 Kilometer, sagt: "Ich kann nicht mehr" und schwimmt zurück.

Einem Bauern aus Dithmarschen geht der Pflug kaputt. Er fragt seinen Sohn Ernst: "Kommst du mit nach Büsum? Wir müssen einen neuen Pflug kaufen." Der Sohn Ernst antwortet unwillig: "Das kann ich nicht, das habe ich noch nie gemacht." Der Bauer bittet daraufhin seinen zweiten Sohn, Hinnerk, mit ihm nach Büsum zu fahren, um einen neuen Pflug zu kaufen. Der mault auch herum: "Das habe ich noch nie gemacht, das kann ich nicht." Da wird der Bauer zornig und sagt zu seinem Sohn Hinnerk: "Du bist der Älteste, und du kommst jetzt gefälligst mit nach Büsum, einen Pflug kaufen!" Hinnerk lallt: "Wenn ich denn muss - aber ich komme nur mit, wenn ich die neue Mütze vom Ernst aufsetzen darf." Sie fahren nach Büsum und kommen an einem Reisebüro vorbei. Vor dem steht ein Schild: "Hier Billig-Flüge!" "Das trifft sich gut, hier sind wir richtig", sagt der Bauer und geht mit seinem Sohn Hinnerk hinein. "Ich möchte einen Pflug kaufen", sagt er zu der Frau hinter dem Tisch. Die Frau fragt: "Wohin soll es denn gehen?" "Über den Acker." Die Frau fragt: "Ist das Ihr Ernst?" "Ne", sagt der Bauer, "das ist Hinnerk. Der hat nur die Mütze vom Ernst auf."

Klein Erna fragt die Tante: "Sag mal, warum haben du und Onkel Eberhard eigentlich noch keine Kinder?"
Antwortet die Tante: "Weißt du, Erna, der Klapperstorch hat uns noch keine gebracht." "Ach so", meint Klein Erna, "wenn ihr noch an den Klapperstorch glaubt, dann ist mir alles klar?"

Eine Blondine steigt mit ihrer Mutter ins Auto. Sagt die Mutter zur Blondine: "Liebes, könntest du mir mal den Sitz vorstellen?" Darauf die Blondine: "Mutter das ist der Sitz; Sitz, das ist meine Mutter!"

Klein Erna soll in der Schule ein selbst verfasstes Gedicht aufsagen: "Ein Fischer saß am Elbestrand und hielt eine Angel in der Hand. Da wollt' er fangen einen Barsch, das Wasser ging ihm bis zum Knie." Die Lehrerin meint: "Aber Erna, das reimt sich doch gar nicht." "Na", meint Klein Erna, "denn warten Sie man, bis die Flut kommt, dann reimt sich das."

Warum warten fünfzehn Blondinen vor dem Kino auf eine Blondine? Weil der Film ab sechzehn ist.

Eine Blondine ruft am Flughafen an: "Wie lange dauert der Flug von München nach Berlin?" Die Auskunft sagt: "Moment – eine Minute..." "Vielen Dank!", sagt die Blondine höflich und legt-auf.

Ein ostfriesischer Lehrer wartet mit seinen Drittklässlern auf dem Bahnsteig. Einen Zug nach dem anderen lässt er passieren, ohne mit seiner Klasse einzusteigen. Schließlich platzt ihm der Kragen: "Den nächsten nehmen wir, Kinder. Auch wenn wieder nur 1. und 2. Klasse draufsteht!"

Zwei Blondinen stehen auf einer Brücke. "Was ist das für ein Fluss?", fragt die eine. "Weiß nicht, entweder die Elbe oder die Weser", antwortet die andere. "Spring doch einfach mal runter und sieh nach!" Die erste Blondine zögert nicht lange, steigt über das Geländer und springt. Nach einer Viertelstunde ist sie zurück. "Und? Elbe oder Weser?", fragt die Blondine auf der Brücke. "Keins von beiden", antwortet die Springerin,"dieA1."

Ein bayerischer und ein ostfriesischer Dachdecker sind gerade beim Dachdecken. Auf einmal rutschen beide ab, aber beide können sich mit Müh und Not noch an der Dachrinne festhalten. Die Dachrinne knarrt schon verdächtig. Sagt der Ostfriese zum Bayern: "Lass los, wir müssen ja nicht beide abstürzen." Da fängt der Bayer an zu singen: "An der Nordseeküste..." Worauf der Ostfriese drei Mal in die Hände klatscht.

Aus der ostfriesischen Zeitung: Bei einer Karaoke-Veranstaltung auf der Insel Sylt sind etwa 50 Ostfriesen jämmerlich ertrunken. Es begann eigentlich recht harmlos im nur brusttiefem Wasser mit dem Lied: "Alle meine Entchen". Das Drama ereignete sich erst bei der Liedstelle "Köpfchen unter Wasser".

Zwei Männer und eine Blondine begeben sich als blinde Passagiere an Bord eines Schiffes. Jeder versteckt sich in einem Kartoffelsack. Die Kartoffelsäcke fallen der Deckaufsicht auf. Als der Mann sanft gegen den ersten Sack tritt, sagt der Sack: "Miiiaaaauuuuu! Fchchchch!" "Ups", sagt der Mann verlegen. "Tut mir Leid, Mieze!" Vorsichtiger stößt er nun den zweiten Sack an. Der antwortet: "Wuff, wuff, Grrrrrr!" "Tut mir leid, kleines Hündchen. Ich wollte dich nicht erschrecken." Er kommt zum dritten Sack, stößt ihn an. Darauf sagt die Blondine von drinnen: "Kartoffeln, Kartoffeln, Kartoffeln!"

Wie viel Besatzung hat ein ostfriesisches Löschfahrzeug? 32 Mann - ein Fahrer, ein Beifahrer und 30-Mann-Orchester fürs-Tatütata.

Was geschieht, wenn ein Ostfriese nach Österreich auswandert?
Dann haben die Ostfriesen einen Deppen weniger und die Österreicher einen Ingenieur mehr.

Im Cockpit des Flugzeugs. Der Pilot schaut aus dem Fenster. Er sagt zum Co-Pilot: "Schau mal aus dem Fenster nach unten, überall Parkett!" Der Copilot ruft die Stewardess und sagt ihr: "Schau mal aus dem Fenster, da unten ist überall Parkett!"
Die Stewardess bleibt unbeeindruckt: "Natürlich, wir sind auch über Ostfriesland. Die Ostfriesen haben alle ein Brett vorm Kopf, und wenn ein Flugzeug vorbei fliegt, gucken sie nach oben.

Ein Ostfriese fliegt mit seiner eigenen Maschine von Leer nach Kiel. Als er über Segeberg ist, wird er vom Flugplatz Holtenau über Funk aufgefordert: "Bitte geben Sie mir Ihre Höhe und Position!" Lange Pause, keine Antwort. Noch einmal fragt der Tower Holtenau: "Wie hoch sind Sie? Wie ist Ihre Position?" Wieder Pause. Dann über Funk zurück: "Ich bin 1,79 Meter groß und sitze ganz vorne, und zwar links!"

Woran merkt ein Feriengast, dass er in einer ostfriesischen Oben-ohne-Bar gelandet ist? Wenn es in seinen Grog hinein regnet.

Warum hat Gerhard Schröders vierte Frau den Doppelnamen Schröder-Köpf gewählt? Andersrum wär's missverständlich.

Angela Merkel kommt in den Himmel und wird von Petrus begrüßt. Sie blickt sich um, sieht eine riesige Zahl von Uhren und fragt Petrus, was das bedeutet. "Das ist so: Jede Regierung der Welt hat eine Uhr. Immer wenn die Regierung eine falsche Entscheidung trifft, rücken die Zeiger ein Stück weiter." Merkel schaut noch einmal in die Runde und fragt dann: "Und wo ist die deutsche Uhr?" "Die deutsche Uhr?", fragt Petrus. "Die hängt in der Küche als Ventilator."

Bundeskanzlerin Merkel und Vizekanzler Westerwelle spazieren durch die Berliner Innenstadt. Merkel: "Schau Dir mal diese Preise an: eine Hose 30 Euro, ein Mantel 50 Euro und ein ganzer Anzug 100 Euro! Da sieht man deutlich den Erfolg unserer Wirtschaftspolitik!" Westerwelle: "Angela, das ist ein Schaufenster der chemischen Reinigung."

Vor dem 30-Kilometer-Marsch lässt der Oberst die Kompanie antreten: "Eine gute und eine schlechte Nachricht, Männer! Zuerst die gute: Der Lahmste gibt das Tempo an, der Gefreite Thielemann." Alles freut sich. "Und jetzt die schlechte: Gefreiter Thielemann fährt vorne auf dem Kübelwagen mit."

Zum Wachsoldaten am Kasernentor kommt der Unteroffizier vom Dienst an und sagt: "Hören Sie, Schütze, heute kommt der General. Wenn er kommt, sofort Meldung an mich!" Der Schütze einigermaßen eingeschüchtert: "Jawohl!" Nach einer Stunde - der General ist noch nicht gekommen - erscheint wieder der UvD, diesmal noch hektischer: "Sobald der General da ist, sofort Meldung machen!" Wieder 30 Minuten später der UvD zum Schützen: "Sobald der General da ist, sofort Meldung zu mir!" Das geht alle 20 Minuten so weiter, bis auf einmal eine Limousine vor dem Kasernentor hält. Der Schütze geht auf den Wagen zu und fragt: "Hey, du! Bist du der General?" "Natürlich bin ich der General!" "Dann verpiss dich lieber schnell, der UvD sucht dich schon die ganze Zeit."

Ein 19-Jähriger aus Chemnitz kommt zur Bundeswehr und mit der Truppe nach Bosnien. Er schreibt nach Hause: "Es ist sogar richtig interessant hier. Das Essen ist fabelhaft, und wir sind auf der Stube mit sechs Ossis und vier Wessis und kommen gut miteinander aus." Die Mutter schreibt zurück: "Es beruhigt mich, dass es dir gut geht und dass ihr ordentlich zu essen habt. Schön finde ich auch, dass ihr schon vier Gefangene-gemacht-habt-..."

Anstandsunterricht bei der Bundeswehr. Der Spieß fragt die Rekruten, wie sie sich in folgender Situation verhalten würden: "Sie sitzen mit einer Dame in einem Lokal und müssen mal austreten. Was sagen Sie?" Der erste antwortet: "Was soll ich schon groß erklären? Ich werde sagen: 'Mädchen, ich muss mal zum Klo.'" "Unmöglich", urteilt der Spieß, "und Sie?" Der zweite antwortet: "Ich würde sagen: 'Meine Dame, jeder Mensch muss mal müssen, und das ist bei mir jetzt der Fall." "Schon besser", meint der Spieß, "aber noch nicht gut. Und Sie?" Der dritte steht auf, verbeugt sich leicht und sagt: "Gnädiges Fräulein, ich muss leider mal eben vor die Tür und einem guten Freund die Hand geben, dessen Bekanntschaft Sie auch bald machen werden!"

Was macht eine Frau, wenn ihr Mann beim Kartoffelholen die Kellertreppe runterfällt und sich das Genick bricht? Nudeln.

Forscherinnen haben herausgefunden, warum Moses mit dem Volk Israel 40 Jahre durch die Wüste geirrt ist: Männer konnten noch nie nach dem Weg fragen.

Ein Mann sucht eine Wahrsagerin auf, und die befragt ihre Kristallkugel.
"Wie ich sehe, sind Sie Vater von zwei Kindern." "Der Meinung sind Sie", entgegnet der Mann, "ich bin Vater von drei Kindern."
Die Wahrsagerin lächelt: "Der Meinung sind Sie..."

Heike erzählt ihrer Freundin: "Früher war mein Mann hinter jedem Rock her. Aber seit unserer Schottlandreise ist er wie umgewandelt."

Das Schiff läuft nach Monaten auf See endlich in den Hafen ein. Die Matrosen freuen sich riesig auf den Landgang. "Wetten", sagt der eine, "zehn Minuten, nachdem ich von Bord bin, habe ich an jedem Arm eine schöne Frau!" "Angeber", knurrt der andere, "so schnell kann kein Tätowierer arbeiten!"

Hermann ist zwar schon etwas tüttelig, aber im Seniorenheim so etwas wie der Hahn im Korb, und er schäkert gern mit den Damen. "Was glaubt ihr, meine Täubchen", fragt er eines Tages, "wie alt ich bin?" "Dazu musst du dich mal umdrehen", sagt Elfriede. Hermann macht es. "Jetzt lass mal die Hose runter!" - Gesagt, getan. "Hermann, du bist genau 86 Jahre alt."
Hermann ist verblüfft. "Woran hast du das denn jetzt erkannt, Elfriede?"
"Gar nicht, aber du hast es uns heute Morgen beim Frühstück gesagt."

Der Seemann kommt nach langer Fahrt nach Hause. Sein Sohn sieht ihn und rennt erschrocken weg. "Du brauchst doch keine Angst vor mir zu haben - ich bin doch dein Vater!" meint der Seemann. "Ja", ruft der Kleine zurück, "das-sagen-sie-alle!"

Der neue Kapitän hält vor seinen Matrosen die Antrittsrede: "Kameraden, dies ist nicht irgendein Schiff, dies ist auch nicht mein Schiff, dies ist unser Schiff!" Bescheidene Stimme aus dem-Hintergrund:-"Verkaufen-wir's!"

Was ist der Unterschied zwischen einem evangelischen und einem katholischen Pfarrer? Beim evangelischen Pfarrer hängen die Windeln im Pfarrgarten, beim katholischen im ganzen-Dorf.

Auf einer Kreuzfahrt steht eine alte Dame an der Reling. Ein starker Wind weht, und sie hält ihren Hut mit beiden Händen fest. Ein Herr kommt und spricht sie an: "Wissen Sie eigentlich, dass der Wind Ihr Kleid ganz hoch weht?" "Ich weiß", antwortet die Dame, "aber ich brauche beide Hände, um meinen Hut festzuhalten." "Ja", erwidert der Mann, "aber man kann alles Private sehen." "Mein Herr, alles Private, was Sie jetzt sehen können, ist schon 85 Jahre alt, aber diesen schönen Hut, den habe ich erst gestern gekauft!"

Auf einer Luxus-Kreuzfahrt führt eine Dame Tagebuch. Sie schreibt: Am 3. August: An Deck spazieren gegangen. 4. August: Kapitän kennengelernt. Reizender Mann. 5. August: Kapitän macht mir Komplimente. 6. August: Vom Kapitän zum Dinner eingeladen. 7. August: Kapitän wird etwas zudringlich. 8. August: Kapitän droht, das Schiff zu versenken, wenn ich nicht mit ihm schlafe. 9. August: 824 Menschen das Leben gerettet.

"Kommt eine Frau zum Arzt..." - "Nee, nicht immer Witze vom Arzt." - "Gut, kennst du den? Die Frau des Arztes bekommt ein Kind." - "Ich sagte doch: nicht vom Arzt!" "Genau!"

Ein Paar im Bett. Er: "Ach sag mir doch die drei Worte, die Liebende für immer aneinander binden!" Sie: "Ich bin schwanger."

In einem hellhörigen Haus sind laute Geräusche verpönt. Dennoch bittet er sie, beim Liebesspiel ein bisschen zu stöhnen. "Ja, wann soll ich denn stöhnen?", fragt sie. "Das sage ich dir schon noch," antwortet er und nach einigen Minuten: "So, jetzt bitte stöhnen!" "Haaach", stöhnt sie, "war das heute wieder voll bei Aldi!"

Ein Mann kommt früher als erwartet von der Arbeit nach Hause. Weil er seinen Schlüssel vergessen hat, klingelt er. Seine Frau öffnet, kaum bekleidet. "Wie siehst du denn aus?", empört er sich. "Wie soll ich schon aussehen, ich habe ja nichts anzuziehen." Wütend rennt der Mann zum Kleiderschrank, reißt die Tür auf und ruft: "Hier bitte, ein blaues Kleid, ein weißes, vier Hosenanzüge, drei Abendkleider, guten Tag Heinz, vier Kostüme und sieben Bikinis."

Der Pfarrer predigt über die Zehn Gebote. Bei dem Satz "Du sollst nicht stehlen" sieht er, wie ein Mann in der ersten Reihe zusammenzuckt. Er wirkt auch weiterhin unruhig, bis der Pfarrer zu dem Gebot kommt "Du sollst nicht ehebrechen". Da lächelt der Mann, lehnt sich bequem zurück und lauscht wieder andächtig der Predigt. Nach dem Gottesdienst fragt ihn der Pfarrer nach dem Grund. "Sehen Sie, Herr Pfarrer", sagt der Mann mit verlegenem Lächeln. "Als Sie sagten 'Du sollst nicht stehlen', fiel mir plötzlich auf, dass mein Regenschirm verschwunden war. Als Sie aber sagten 'Du sollst nicht ehebrechen', da fiel mir ein, wo ich ihn vergessen hatte."

Der Pfarrer fragt im Konfirmanden-Unterricht: "Was müssen wir als erstes tun, damit uns unsere Sünden vergeben werden?"-Dennis:-"Sündigen!"

"Frau Meier", sagt die Nachbarin aufgebracht, "Ihre Katze hat heute Morgen unseren Wellensittich gefressen!" - "Oh gut, dass Sie mir das sagen, dann bekommt sie heute nichts mehr."

In der Kirche wird das Chorgestühl repariert. Gerade als der Bischof den Stand der Arbeit begutachten will, haut sich ein Arbeiter mit dem Hammer auf den Daumen und flucht: "Himmelherrgottsakrakruzitürken!" Da rügt ihn der Bischof: "Das gefällt mir gar nicht, dass du so sündhaft fluchst! Warum sagst du nicht schlicht und einfach 'Scheiße!'?"

Ein Ochse steht angeschirrt vor dem Pflug. Auf seinem linken Horn sitzt eine Fliege. Eine zweite Fliege landet auf dem rechten   Horn.
"Stör uns nicht!", sagt die erste Fliege. "Wir pflügen!"

Ein Huhn kommt in ein Restaurant und sagt: "Ich hätte gern einen Eierbecher, einen kleinen Löffel und etwas Salz. Den Rest-besorge-ich-selbst."

Vor dem Mauseloch lauert ein großer Kater. Die Mäusekinder sind furchtbar aufgeregt. Doch der Mäusevater weiß Rat. Er drängt sich an den Kindern vorbei, streckt die Schnauze aus dem Loch und macht laut. "Wau, wau!" Erschrocken sucht der Kater das Weite. Stolz führt der Mäusevater seine Kinder ins Freie: "Seht ihr, Fremdsprachen muss man können."

"Liebling", ruft die Ehefrau entzückt vor dem Schaufenster des Hutgeschäfts, "diesen Hut oder keinen!" "Also gut", sagt er, "keinen."

Ein Hase hoppelt durch den Wald und trifft ein merkwürdiges Tier. "Was bist du denn für ein Tier?"- "Ich bin ein Wolfshund. Meine Mutter ist ein Wolf, und mein Vater ist ein Hund." Der Hase hoppelt weiter und trifft noch ein komisches Tier. "Was bist du denn für ein Tier?"-"Ich bin ein Maulesel. Meine Mutter ist eine Eselin, und mein Vater ist ein Pferd." Der Hase setzt seinen Weg fort und begegnet nach einiger Zeit einem sehr merkwürdigen Tier. "Was bist du denn für ein Tier?" "Ich bin ein Ameisenbär..."Da unterbricht ihn der Hase: "Nee, das-kannst-du-mir-jetzt-nicht-erzählen!"

Ein Polizist hält ein Auto an. Verkehrskontrolle.
"Sind Sie wahnsinnig, mit 80 durch die Ortschaft zu rasen?" Eingeschüchtert antwortet die Fahrerin: "Herr Wachtmeister, das ist nur mein Hut, der mich so alt macht ..."

Kommt das Häschen in die Apotheke und fragt den Apotheker: "Hattu Möhrchen?" - Sagt der Apotheker: "Nein, ich habe keine Möhrchen. Bei mir kannst du nur Medizin kaufen." Am nächsten Tag kommt das Häschen wieder: "Hattu Möhrchen?" - "Nein", sagt der Apotheker, "ich habe dir doch gesagt, dass ich nur Medizin verkaufe!" Kommt das Häschen am dritten Tag wieder zur Apotheke. An der Tür hängt ein Schild mit der Aufschrift: "Heute keine Möhrchen". Sagt das Häschen zum Apotheker vorwurfsvoll: "Hattu doch Möhrchen habt!"

Ein Brummi ist in ein Gebäude hineingefahren und landet mitten im Wohnzimmer. Der Hausherr kommt verschlafen aus seinem Schlafraum und fragt: "Mein Gott, was haben Sie denn da gemacht?" Antwortet der Fahrer: "Ich bin von der Straße abgekommen. Mist, wie komme ich denn jetzt nach Braunschweig?"
"Da fahren Sie jetzt über den Flur, links durch die Küche, an der Speisekammer rechts abbiegen und dann immer geradeaus."

Ein Mann fährt mit dem Auto eine steile Bergstraße hinauf. Eine Frau fährt dieselbe Straße hinunter. Als sie sich begegnen, lehnt sich die Frau aus dem Fenster und schreit: "Schwein!" Der Mann schreit sofort zurück: "Schlampe!" Beide fahren weiter. Als der Mann um die nächste Kurve biegt, rammt er ein Schwein, das mitten auf der Straße steht. Wenn Männer doch nur zuhören würden...

Manni überholt mit seinem Manta einen LKW, hält ihn an und sagt zum Fahrer: "Ich bin der Manni, das ist mein Manta, und du verlierst deine Ladung!" Der LKW-Fahrer reagiert nicht darauf, sondern setzt seine Fahrt fort. Das Gleiche wiederholt sich nach einigen Minuten. Manni überholt, hält den LKW an und sagt zum Fahrer: "Ich bin der Manni, das ist mein Manta, und du verlierst deine Ladung!" Der LKW-Fahrer schüttelt den Kopf und fährt weiter. Ein drittes Mal hält Manni den LKW an und sagt: "Ich bin der Manni, das ist mein Manta, und du verlierst deine Ladung!" Da verliert der LKW-Fahrer seine Geduld und antwortet dem Manta-Fahrer: "Pass jetzt mal auf: Ich bin der Günter. Das ist mein Lastwagen. Und ich streue Salz!"

Ein Trabi hat eine Panne auf der Autobahn. Ein Porschefahrer ist so freundlich, ihn abzuschleppen. Sie vereinbaren, dass, wenn der Porsche zu schnell fährt, der Trabi Fahrer auf Hupe und Lichthupe drückt. Gemächlich zuckeln die beiden über die Autobahn Richtung nächste Tankstelle - bis der Porsche plötzlich von einem Jaguar überholt wird. Schlagartig vergisst der Porschefahrer den Trabi im Schlepptau, dreht auf und rast mit Vollgas hinter dem Jaguar her. Verzweifelt gibt der Trabi-Fahrer Signale. So rasen sie auch an der Tankstelle vorbei. Dort rennt der Tankwart zum Telefon und ruft seinen Kollegen von der nächsten Tankstelle an: "Du, geh schnell vor die Tür, so etwas hast du noch nicht gesehen. Erst rauscht ein Jaguar an dir vorbei, den versucht ein Porsche zu überholen, und hinter den beiden drängelt ein Trabi, der mit Hupe und Lichthupe versucht, an beiden vorbei zu kommen, freie Bahn zu verschaffen!"

Ein Mann fragt seine Frau: "Schatz, was wünschst du dir denn zu Weihnachten? Die Frau: "Die Scheidung!" Er: "Na, soviel wollte ich eigentlich nicht ausgeben!"

Was ist das für eine Zeitform: "Du hättest nicht schwanger werden dürfen!" Antwort: "Präservativ defekt!"

Kommt ein Mann an einem Teppichladen vorbei. Vor der Ladentür steht ein Araber und klopft gerade einen seiner Teppiche sauber. Darauf sagt der Mann: "Na, was ist denn los, springt er nicht an?"

Morgens bei Lohmeyers. Sie schleicht sich an ihren Mann heran und knallt ihm die Bratpfanne von hinten an den Kopf. Er schreit auf: "Was soll das denn?" "Gerade habe ich deine Hosen für die Wäsche ausgeräumt und darin einen Zettel mit dem Namen 'Marie-Louise' gefunden!" "Ja, aber Schatz, erinnerst du dich nicht mehr? Vor zwei Wochen war ich doch beim Pferderennen und 'Marie-Louise' ist der Name des Pferdes, auf das ich gesetzt habe..." Sie entschuldigt sich bei ihm, den ganzen Tag plagt sie sich mit Gewissensbissen und bereitet ihm schließlich ein Festmahl. Drei Tage später schleicht sie sich wieder mit der Bratpfanne an ihn heran - boing! "Was ist denn jetzt los?", empört er sich. Sie: "Dein Pferd hat angerufen..."

Das Ehepaar badet im Fluss. Plötzlich schreit die Frau: "Ich habe keinen Grund, Adalbert, ich habe keinen Grund!" Da brummt der Ehemann: "Immer dasselbe mit den Frauen: Sie schreien, einfach ohne Grund!"

Ein Pferd kommt in die Bar und bestellt einen Whisky auf Eis. Trinkt aus, zahlt und geht wieder. Sagt ein Gast zum Barkeeper: "Ist das nicht ein bisschen merkwürdig?" Sagt der Barkeeper: "Stimmt, sonst trinkt er seinen Whisky immer ohne Eis."

Zwei Bergsteiger kommen während einer Bergtour an einer Gletscherspalte vorbei. Sagt der eine Bergsteiger zum anderen: "In diese Gletscherspalte ist letztes Jahr mein Bergführer abgestürzt." Sagt der andere Bergsteiger: "Und hat dich das nicht ziemlich mitgenommen?" Darauf antwortet der Bergsteiger: "Nein, er war sowieso schon sehr alt, und außerdem haben schon einige Seiten gefehlt!"

Rechtsanwalt: "Bitte kommen Sie mal in Sachen Ihrer Frau vorbei." Klient: "Aber die passen mir doch gar nicht."

Zwei Studenten schlendern über den Campus. Da fragt der eine: "Woher hast du so ein tolles Fahrrad?" Darauf der andere: "Als ich gestern ganz in Gedanken versunken spazieren ging, fuhr ein hübsches Mädchen mit diesem Fahrrad vorbei. Als sie mich sah, warf sie das Rad zur Seite, riss sich die Kleider vom Leib und schrie: "Nimm dir, was du willst!" Der erste Student nickte zustimmend: "Gute Wahl, die Kleider hätten vermutlich nicht gepasst!"

Ein Mann hat sich einen Anzug nähen lassen. Er kommt nun, das gute Stück abzuholen. Er zieht die Jacke an. ,,Aber die kneift ja so an der Schulter." ,,Kein Problem", sagt der Schneider, ,,ziehen Sie die linke Schulter etwas nach vorne. Sehen Sie, so passt sie." ,,Ja, aber der linke Ärmel ist doch zu kurz." ,,Kein Problem", darauf der Schneider, ,,die rechte Schulter etwas hochgezogen, den Arm ein wenig angewinkelt, den Rücken leicht nach vorne gebeugt und schon sitzt das Teil wie angegossen." Jetzt ist der Kunde zufrieden, bezahlt und geht in gekrümmter und verbogener Haltung aus dem Laden. Kommen ihm zwei Männer entgegen. Sagt der eine:" Schau mal, der arme Behinderte." Der andere:" Aber was der für einen guten Schneider hat!"

Jesus und der Heilige Geist spielen Golf. Jesus schlägt - der Ball bleibt 5 cm vor dem Loch liegen. Da kommt eine Maus aus dem Loch gekrochen und frisst den Ball. Plötzlich kommt eine Schlange und verschlingt die Maus. Da stößt ein Adler vom Himmel herab und greift sich die Schlange. Plötzlich ein Gewitter, ein Blitz zuckt herab und trifft den Adler. Der Adler stürzt zu Boden - genau in das Golf-Loch. Sagt der Heilige Geist zu Jesus: "Wollen wir jetzt Golf spielen oder herumalbern?"

Als er nach einer eher schwachen Nummer seine Jeans wieder anzieht, meint sie boshaft: "Jetzt weiß ich auch, warum man diese Dinger auch Nietenhosen nennt"

Ein Nilpferd kommt in eine Bar und bestellt ein großes Bier. Es trinkt, bezahlt und geht zur Tür. "Na so was", sagt der Wirt verwundert," jetzt hab´ich diesen Laden schon 30 Jahre, aber ein Nilpferd war noch nie hier!" Da dreht sich das Nilpferd um und raunzt: "Und bei den Preisen wird wohl auch so schnell keines mehr kommen."

Ein Mann liegt auf der Intensivstation, an tausend Schläuche angeschlossen. Besucht ihn ein Pfarrer. Plötzlich fängt der Mann zu keuchen an. Da er nicht sprechen kann, bittet er in Zeichensprache um einen Stift. Er kritzelt auf einen Zettel einen Satz und stirbt. Der Pfarrer denkt sich: das geht mich nix an, und bringt den Zettel der Frau des Verstorbenen. Die liest und fällt in Ohnmacht. Nimmt der Pfarrer den Zettel und liest: "Du Idiot, geh von meinem Schlauch runter!..."

2 kleine Jungs sitzen im Sandkasten und spielen. Sagt der eine: "Ich muss mal pinkeln". Antwortet der andere: "Mach doch einfach in die Hose". Erwidert der erste "Geht nicht. Meine Mama hat gesagt, wenn ich nochmal in die Hose mache, schneidet sie mir den Schniedel ab." Meint der andere: "Ach weißt du, ich habe letzte Woche gesehen, wie meine kleine Schwester gebadet wurde. Wenn das vernünftig gemacht wird, sieht es auch noch gut aus."

Geht ein Mann zum Arzt und sagt: "Lieber Herr Doktor, meine Frau hat keine Lust mehr auf Sex. Sie meint, es ist doch immer das Gleiche." Da schaut der Arzt verzweifelt aus dem Fenster, sieht am Bürgersteig zwei Hunde beim Geschlechtsverkehr und sagt zum Patienten: "Sehen sie, probieren sie das doch mal aus!" Zwei Wochen später trifft der Arzt seinen Patienten zufällig. Der Patient hat den Arm gebrochen, ein blaues Auge und mehrere Zähne verloren. Darauf sagt der Arzt: "Was ist ihnen denn widerfahren?" Da sagt der Patient: "Ja wissen sie wie schwer das war, meine Frau auf die Straße zu kriegen?"

Ein Mann geht zum Arzt und beschwert sich, dass seine Frau keinen Spaß im Bett hat und keinen Orgasmus bekommt. Der Arzt meint: na dann versuchen sie eine angenehme Atmosphäre zu schaffen, stellen sie Kerzen auf, streuen Rosenblüten, seien sie ganz zärtlich. Sollte das nicht funktionieren, so kommen sie morgen wieder zu mir. Der Mann kommt am darauffolgenden Tag und teilt dem Arzt mit, dass das nicht geklappt hat. Der Arzt meint nun: such Dir einen "Schwarzen", der soll sich nackt vor deine Frau stellen und mit seinem besten Stück wedeln...und du nimmst sie von hinten! Der Mann geht nach Hause, der "Schwarze" wedelt mit seinem Penis, der Mann packt seine Frau von hinten, doch seine Frau bekommt trotzdem keinen Orgasmus. Der Mann meint zum "Schwarzen"... los komm, nimm Du sie von hinten und ich werde wedeln... Der Mann stellt sich vor seine Frau und wedelt mit seinem Penis der "Schwarze" packt die Frau von hinten...die Frau fängt an zu stöhnen..."aaaaa aaaaahhh ahhhh" und bekommt den multiplen Ganzkörperorgasmus schlechthin... Der Mann sagt zum "Schwarzen": "Hast Du gesehen? SO MUSST DU WEDELN!!!"

Vier Nonnen sind zum Beichten in die Kirche gekommen. Die erste Nonne geht in den Beichtstuhl. "Ach, Vater, ich habe gesündigt." - "Ja, mein liebes Kind, was hast du denn getan ?" - "Ich habe einen nackten Mann gesehen." - "So, dann gehe zum heiligen Wasser und wasche Deine Augen damit." Die zweite Nonne im Beichtstuhl: "Ach, Vater, ich habe gesündigt." -"Ja, mein liebes Kind, was hast du denn getan?"- "Ich habe einen nackten Mann berührt." - "Dann gehe zum heiligen Wasser und wasche deine Hände darin." Als die beiden übrigen Nonnen das draußen hören, sagt die vierte zur dritten: "Bitte, lass' mich vor. Ich möchte noch gurgeln, bevor du deinen Hintern ins Weihwasser steckst!"

Ein aufgetakelter Herr kommt in eine Buchhandlung. "Haben Sie ein Buch über das Liebesleben in adligen Kreisen?" "Nein, bedaure", sagt die Verkäuferin ganz verlegen. "Na, auch egal, dann machen wir es eben weiter wie bisher!"

Ein vornehmer englischer Geschäftsmann Nadelstreifenanzug, Melone, in die aufgeschlagene Times vertieft, steht an der Bus-Haltestelle. Ein Polizist klopft ihm auf die Schulter: "Entschuldigen Sie, werter Herr, aber Ihre Hose steht offen und Ihr Penis schaut heraus!" Der Gentleman faltet die Zeitung zusammen, schaut an sich herunter und sagt leicht überrascht: "Oh, sie ist schon gegangen!"

Spät in der Nacht kommt der Herr Graf nach Hause Butler Jean öffnet. "Jean, ist meine Gattin zu Hause?" "Jawohl, Herr Graf, sie ist im Schlafzimmer!" "Jean, ist jemand bei ihr?" "Jawohl, Herr Graf, ihr Liebhaber!" "Jean, gehen sie in den Rittersaal und holen sie mir das große Schwert!" Butler Jean holt das Schwert und der Herr Graf geht damit ins Schlafzimmer. Man hört einen fürchterlichen Schrei, dann kommt der Herr Graf mit dem blutigen Schwert wieder aus dem Schlafzimmer. "Jean, bringen sie dem Gast ein Pflaster, und meiner Gattin einen Korkenzieher.

Eine hübsche Blondine fährt auf einer kleinen Landstraße in ihrem neuen Sportwagen, als plötzlich der Motor stehenbleibt. Glücklicherweise sieht sie in der Nähe ein Bauernhaus stehen. Sie klopft. Als der Bauer öffnet, sagte sie: "Können Sie mir bitte helfen. Mein Auto fährt nicht mehr und es ist Sonntagnacht. Kann ich bis morgen bei Ihnen bleiben, dann kann ich Hilfe holen?" Langsam spricht der Bauer: "Na gut, Sie können hier bleiben, aber ich will nicht, dass Sie irgendwas mit meinen beiden Söhnen, Joseph und Ludwig, anfangen." Da schaut die Blondine durch die Tür sieht zwei junge Männer, so um die zwanzig Jahre alt, hinter dem Landwirt stehen. "Geht in Ordnung", sagt sie. Nachdem sie alle zu Bett gegangen sind, denkt die Frau über die zwei Burschen nach. Leise steht sie auf und schleicht in deren Zimmer. "Jungs, soll ich Euch ... "Was? Ah - na klar." "Jungs, ich will nicht schwanger werden, deswegen müsst ihr diese Kondome tragen." Also legt sie ihnen die Dinger an und sie gehen die ganze Nacht zur Sache. Vierzig Jahre später sitzen Joseph und Ludwig in ihren Schaukelstühlen und schaukeln vor sich hin. "Ludwig?" "Ja, Joseph?" "Kannst du dich noch an die Blondine erinnern, die vor vierzig Jahren hier vorbeikam und uns die Wege des Lebens zeigte?" "Ja," sagt Ludwig, "an die kann ich mich noch erinnern." "Und macht es dir was aus, wenn sie schwanger wird?" fragt Joseph. "Nein, macht mir nichts mehr aus", erwidert Ludwig. "Mir auch nicht", sagt Joseph, "lass uns diese Dinger abnehmen."

Der Enkel ist bei Oma und Opa zu Gast. Er darf mit bei ihnen im Bett schlafen. Zu vorgerückter Stunde fummelt Opa an Oma rum. zischt Oma, "doch heute nicht. Geh in die Küche und trink noch ein Bier." Als Opa wiederkommt, macht er sich wieder an Oma ran. "Heute nicht" wird Oma langsam böse. Geh in die Küche, da steht noch eine Flasche Sekt im Kühlschank, trinke die." Opa schleicht in die Küche und lässt dort den Sektkorken knallen. Da sagt der Enkel plötzlich zur Oma: "Siehste, hättest Du ihn mal rangelassen, jetzt hat er sich erschossen!"

Die Tochter will zum Tanzen gehen. Sagt der Vater: "Um 22:00 Uhr bist Du zu Hause!" Die Mutter sagt: "Lass ihn nur reden!" Am nächsten Morgen beim Frühstück fragt die Mutter: "Kind, Du bist erst um 24:00 Uhr nach Hause gekommen. Hast Du einen Freund kennen gelernt?" - "Ja, aber der raucht eine nach der anderen!" - "Oh, den lass laufen, das nimmt ein böses Ende. Das kannst Du bei Papa sehen!" Die Woche drauf dasselbe Spiel. Morgens fragt die Mutter wieder: "Du bist erst um 24:00 Uhr gekommen, hast Du einen neuen Freund kennen gelernt?" - "Ja aber der trinkt ein Bier nach dem anderen!" - "Oh, lass den nur laufen das nimmt ein böses Ende. Das kannst Du bei Papa sehen!" Nun traut sie sich erst nach 4 Wochen wieder, wieder dasselbe Spiel. Am nächsten Morgen: "Aber mein Kind, zweimal kommst Du erst um Mitternacht nach Hause und nun sogar erst um 2 Uhr. Sag, warum?" - "Dreimal hatte ER schon, wollte noch ein viertes Mal, da habe ich gesagt: Um 22:00 Uhr sollte ich zu Hause sein, nun ist es gleich 2 Uhr - ich muss nun Heim!" - "Kind, den nimm, das lässt nach. Das kannst Du bei PAPA sehen!"

Neue Attraktion in der Manege Artist kommt auf die Bühne, holt seine Männlichkeit aus der Hose und steckt sie einem lebendigen Krokodil in den Rachen. Das Maul klappt zu - das Publikum hält den Atem an. Dann holt der Artist einmal aus und haut dem Krokodil eins auf den Kopf. Das Krokodil ist völlig perplex, reißt den Rachen wieder auf - und wohlbehalten freut sich der Artist über die gelungene Dressurnummer. Die Menge ist begeistert und will eine Zugabe. Der Artist zeigt das Kunststück noch mal. Hose, Lümmel raus, Maul vom Krokodil, Klappe zu, Schlag auf den Kopf, Maul auf - alles dran geblieben. Der Zirkusdirektor prahlt: 2000 Euro, meine Damen und Herren, 2000 Euro, wer sich das auch traut. Keiner meldet sich. 5000 Euro, erhöht der Direktor. Da meldet sich von hinten eine zahnlose alte Oma: Ich will das wohl machen - aber er darf mir nicht so doll auf den Kopf hauen.

Ein junges Pärchen will so schnell wie möglich heiraten Sie besteht aber unbedingt auf einem AIDS-Test. Er geht zum Arzt und bittet um einen Soforttest. Der Arzt sagt ihm, dass es bis zum Ergebnis mindestens vier Wochen dauert. "Ich möchte aber nächste Woche heiraten. Gibt es da nichts Schnelleres?"
"Doch, eine Möglichkeit gibt es, die aber nur zu 97% Klarheit verschafft." "Welche denn?" "Sie gehen auf eine Weide mit vielen Schafen und holen Ihren Freund raus. Wenn die Schafe herankommen und genüsslich daran lutschen, sind Sie nicht infiziert." Wochen später trifft er den Arzt, der ihn fragt, wie es denn nun in der Ehe so geht. "Wieso Ehe? Ich bin jetzt Schäfer..."

Es gehen 6 Tokiohotelfans auf der Straße, kommt ein Auto vorbei, fährt 2 um! Was war das für ein Auto? Ein Opel: macht Deutschlands Straßen sauber. Die anderen 4 gehen weiter, kommt noch ein Auto vorbei, fährt wieder 2 Tokiohotelfans um! Was war das für ein Auto? BMW: Freude am Fahren. da denken sich die letzten 2: wir sind intelligent, jetzt gehst du auf die eine Seite und ich bleibe auf dieser, dann können sie uns nicht erwischen! Dann kommt wieder ein Auto, fährt beide um! Was war das für ein Auto? Toyota: nichts ist unmöglich!!! Und von wem wird das alles finanziert? Raiffeisenbanken: wir machen den Weg frei.

Der Vater kommt spät in der Nacht nach Hause Da hört er aus dem Zimmer seiner Tochter ein Stöhnen. Besorgt öffnet er leise die Tür und muss mit ansehen, wie es sich seine Tochter mit einer Banane besorgt. Am anderen Morgen bindet er die Banane an einem Strick fest und geht, die Banane hinter sich herziehend, durch die Wohnung. Als die Tochter darauf einen roten Kopf bekommt, fragt die Mutter, was das denn zu bedeuten habe. Darauf der Vater: "Ich zeige meinem Schwiegersohn die Wohnung."

Drei Männer kommen in den Himmel. Petrus sagt zu ihnen: "Wenn auch nur einer von euch auf eine blaue Wolke tritt, wird er bestraft!" Der erste Mann tritt auf eine blaue Wolke und Petrus kommt mit dem hässlichsten Weib aus dem Himmel, kettet sie aneinander und sagt: "So weil du auf eine blaue Wolke getreten bist, musst du den Rest der Ewigkeit mit diesem Weib angekettet bleiben!" Der nächste tritt auf eine blaue Wolke, ihm passiert dasselbe, nur mit einem noch hässlicheren Weib. Der Dritte schaute sich das alles ganz genau an und passte auf, dass er auf keine blaue Wolke tritt. Eines Tages kommt Petrus mit dem schönsten Weib im ganzen Himmel, kettet sie aneinander, ohne Worte. Der Mann fragt die Frau: "Womit habe ich das nur verdient, das ich meine Zeit mit dir verbringen darf?" Die Frau antwortet: "Ach...ich bin auf so 'ne scheiß blaue Wolke getreten!"

Ich würde gerne meinen Kurt wiedersehen sagt die Frau als sie im Himmel vom Petrus empfangen wird. "Kein Problem, wie heißt er denn?" "Kurt Schmidt." "Oh", entgegnet Petrus, "das wird schwierig, denn wir haben hier sechs bis sieben Millionen Schmidts. Hat er nicht irgendwas Besonderes?" "Ja, als er starb, sagte er, dass er jedes Mal, wenn ich ihm untreu würde, sich im Grab umdrehen würde." Aufatmend wendet sich Petrus an einen Engel: "Los, hol schnell den Kurt !"

In einem Frauenkörper wohnen Bazillen Eine wohnt im Ohr, die andere im Bauchnabel und die dritte in der Vagina. Nach einer Zeit treffen sich alle. Die, die Ohr wohnt, verkündet stolz: "Jeden Tag kommt bei mir ein Wattestäbchen und putzt mir meine Wohnung." Darauf sagt die Bazille vom Bauchnabel: "Bei mir kommt jeden Tag ein Schwamm und putzt mir ebenfalls die Wohnung." Da sagt die andere:
"Mensch, habt ihr gut! Zu mir kommt jeden Tag so ein Glatzkopf und sabbert mir die Bude voll!"

Zwei Jungen spielen immerzu in der Nähe eines Puffes und fragen sich wie es dazu kommt, dass dort den ganzen Tag Männer ein und ausgehen. Sie beschließen, der Sache auf den Grund zu gehen und klopfen dort an. Die Puffmutter will wissen, was sie wollen und sie erklären, dass sie keine Ahnung haben, was das für ein Haus wäre. Sie fragt, ob die Jungens fünf Euro haben, worauf sie beide anfangen, in ihren Taschen zu kramen und leider nur fünfzig Cent zusammenkratzen. Sie steckt sie ein, lupft ihren Rock, zieht den Schlüpfer runter und fordert die Jungen auf, einmal zu schnuppern. Sie tun wie geheißen und verschwinden dann wieder. Auf dem Heimweg sagt einer zum anderen: "Weißt Du was? Ich glaube nicht, dass ich die Packung für fünf Euro ausgehalten hätte."

Sind zwei Jäger auf dem Hochsitz und suchen nach Wild. Kommt ein Paar und machen rum. Der Jäger zum anderen: "die verscheuchen uns das Wild wir müssen sie wegjagen", "und wie", sagt der andere. "Hm vielleicht könnten wir ihnen auf den Kopf pissen". Der andere: "ja kriegst du deinen noch runter"

Woher mein Hüftspeck kommt?! Beim Duschen benutz ich den Rest vom Shampoo, um mich einzuschäumen! Heute habe ich gelesen, was auf der Flasche steht. O.O "Für extra Volumen und mehr Fülle!!!" So ein Scheiß! Kein Wunder, dass es mir schwer fällt, mein Gewicht zu kontrollieren!! Ich werde ab sofort Geschirrspülmittel benutzen! Da steht drauf: "entfernt auch hartnäckiges Fett."

Eine Blondine und eine Brünette überqueren gemeinsam die Straße, da sieht die Brünette ihren Ehemann mit einem Riesenstrauß roter Rosen im Arm. Sie daraufhin zur Blondine: "Oh, Mist, da muss ich heute Abend wieder die Beine breit machen." Die Blondine schaut sie erstaunt an: "Habt ihr denn keine Blumenvasen zuhause?"

Eine Blondine und eine Brünette unterhalten sich über ihre Freunde. Brünette: "Letzte Nacht hatte ich DREI Orgasmen nacheinander!" Blondine: "Das ist doch gar nichts. Letzte Nacht hatte ich über hundert." Brünette: "Meine Güte! Ich hätte nicht gedacht, dass er SO gut ist!" Blondine: (geschockt) "Ach, Du meintest mit EINEM Mann?"

Eine Schwarzhaarige und eine Blondine treffen sich. Schwarzhaarige: "Heute Abend kommt ein geiler Pornofilm. Sie zeigen den Mann mit dem längsten Glied der Welt." Blondie: "Geil! Wie lang ist er denn?" Schwarzhaarige: "52 cm!" Die Blondine zieht ein Gesicht zum Steinerweichen und sagt: "Scheiße! Ich habe nur einen 37-cm-Blidschirm"

Ein Bauernsohn aus Schleswig-Holstein nicht mehr ganz taufrisch, soll heiraten. Der Vater sagt: " Wenn du nicht in einem Jahr eine Frau gefunden hast, nimmst du die Grete." Der Sohn widerspricht vehement, die ist mir zu hässlich und zu doof. Aber er findet keine andere und so heiratet er die Grete. Aber die ist so hässlich, wenn er mit ihr ins Bett will, zieht er ihr eine Mütze über den Kopf. Eines Tages geht sein bestes Stück der Traktor kaputt. Er legt sich darunter und versucht ihn zu reparieren. Grete steht dabei und guckt zu. Da sagt er zu ihr:" Hol mal die Zange." Sie geht los und brummelt:" Zange holen, Zange holen, usw." Kommt zurück und bringt das verlangte Werkzeug. Dann sagt er:" Hol mal die Ölkanne." Sie geht los und brummelt:" Kanne holen, Kanne holen, usw." Kommt mit der Kanne zurück. Dann sagt er:" Bring mir mal einen Schraubenschlüssel." Sie geht los:" Schlüssel holen, Schlüssel holen" und kommt mit dem Hausschlüssel zurück. Er schreit:" Du bist zu allem zu blöd, sogar zum bumsen." Sie geht los:" Mütze holen, Mütze holen."

Liegt am Abend ein Penner betrunken auf seiner Parkbank Kommt ein Schwuler vorbei und denkt sich: "Mensch, der sieht aber knackig aus. Den könntest Du doch mal ganz schnell besteigen." Gesagt getan. Der Schwule legt ihm nach dem Akt einen 10 Euro Schein hin und rennt weg. Am nächsten Morgen wacht der Penner auf: "Oh geil, 10 Euro gefunden." Er rennt sofort in den nächsten Getränkeshop und sagt: "Eine Flasche Braunen Schnaps." Den bekommt er dann auch, rackelt sich die Flasche abends wieder rein, liegt betrunken auf der Bank und schläft. Kommt wieder ein Schwuler vorbei, denkt sich: "Oh, der da liegt, der ist aber süß."

Er springt auf ihn drauf und macht´s mit ihm. Als er fertig ist, legt er dem Penner zehn EURO hin und rennt weg. Der Penner wacht wieder am nächsten Morgen auf und freut sich: "Juhu!! Wieder 10 Euro gefunden." Er geht wieder in den Laden, kauft sich eine Flasche Braunen, trinkt sie wieder abends aus und schläft auf der Bank wieder ein. Und wieder kommt ein Schwuler vorbei. So geht das die ganze Woche. Dann, am Samstagmorgen wacht der Penner auf und sieht die 10 Euro vor sich liegen. Natürlich freut er sich darüber. Er geht wieder in den Laden. Kaum hat er den Laden betreten, hält auch schon die Verkäuferin die Flasche Braunen in ihren Händen. Er sagt:" Eine Flasche Klaren bitte." Sie schaut ihn verdutzt an und fragt: "Wieso das denn? Was haben sie denn? Heute keinen Braunen?" "Nee nee, junge Frau. Ich möchte heute ne Flasche Klaren. Von Braunen tut mir immer so das Arschloch weh."

Warum können Blondinen nicht Brustschwimmen? Weil sie, wenn sie feucht zwischen den Beinen werden, diese breit machen. Und weil sie, wenn sie feucht zwischen den Beinen werden, sie sich auf den Rücken drehen. Und warum kann das kein echter Blondinen Witz sein? Weil sie immer feucht zwischen den Beinen sind.

Eine Rothaarige, eine Brünette und eine Blondine veranstalten ein Wettschwimmen, 200 Meter Brust. Die Rothaarige und die Brünette schlagen fast gleichzeitig an, die Blondine kommt ein paar Sekunden später ans Ziel. Beschwert sie sich: "Das gilt nicht, ihr habt geschummelt! Ihr habt ja auch die Arme benutzt..."

Blondine in der Drogerie: "Bitte eine Packung Mottenkugeln!" Meint der Drogerist verwundert: "Seit einer Woche kaufen Sie jeden Tag eine Packung Mottenkugeln. Es geht mich ja nichts an, aber was machen Sie denn damit?" "Nun ja...", antwortet die Blondine, "es ist nicht so einfach die Motten mit diesen Kugeln zu treffen!"

Im Vorzimmer des Chefs hocken drei Sekretärinnen. Sagt die eine: "Ich hab gestern im Schreibtisch vom Chef ein Kondom gefunden." Sagt die zweite: "Ich hab ein Loch reingestochen." Sagt die dritte: "Ich glaube, mir wird schlecht..."

Streiten sich drei Spermien. Sagt das Erste: "Ich will erster sein !!" Das Zweite: "NEIN, ich, ich WILL!" Meint das dritte ruhig: "Hört auf, euch zu streiten, sehen wir erst mal zu, wie wir wieder aus der Speiseröhre herauskommen..."

Der junge Mann verlangt einen Blumenstrauß für seine Freundin. "Nehmen Sie Rosen, wenn sie kosen", scherzt die Verkäuferin neckisch, "oder Narzissen, wenn sie küssen." "Dann", meint der junge Mann, "geben Sie mir ein Strauß Wicken!"

Ein Vogel und eine Schlange treffen sich. Fragt der Vogel: "Wie geht´s denn so?" Antwortet die Schlange: "Ach gut. Man schlängelt sich so durch. Und wie geht´s dir?" Da wird der Vogel rot bis zur Schnabelspitze und fliegt davon!

Sagt der Vater zum heranwachsenden Sohn: "Mein Junge, ich will Dich mal aufklären. Wenn Du an ein Mädchen gerätst, mit glänzenden Augen, mit feuchten Lippen, das am ganzen Körper zittert, mein Junge, lasse die Hände davon, es hat Malaria !"

Eine schöne Frau ist am Strand bis zum Hals in den Sand eingegraben und ruft laut um Hilfe. Ein junger Mann buddelt sie aus. Darauf sagt sie: "Vielen Dank, jetzt hast Du einen Wunsch frei." "Was ist denn für mich drin?" "Vorerst noch Sand."

Zwei Männer sitzen nebeneinander im Bus. Fragt der eine: "Kann es sein, dass sie gerade onanieren?" Darauf der andere: "Ja, wieso, stört Sie das?" "Nein eigentlich nicht, aber könnten Sie ihren nehmen, ich muss nächste Haltestelle aussteigen!"

Ein Mann fährt besoffen Auto und wird von der Polizei angehalten. Die Polizisten bitten den Mann, wegen eines Alkoholtests ins Röhrchen zu blasen, aber er entgegnet: „Das geht nicht, ich habe Asthma!" Dann wollen die Polizisten einen Bluttest machen lassen. „Das geht auch nicht, ich bin Bluter!" „Na schön, dann gehen Sie bitte dort an der weißen Linie entlang." versucht es ein Polizist zum dritten Mal. „Ja, das geht erst recht nicht. Dafür bin ich doch viel zu besoffen."

In der Klinik stößt ein junger Assistenzarzt mit dem Chefarzt zusammen: "Oh mein Gott, verzeihen sie!" "Schon gut, Professor genügt mir" Der Arzt zum Patienten: "Tut mir leid, aber ich kann bei Ihnen nichts finden. Es muss wohl am Alkohol liegen!" Der Patient: "Dann komme ich wieder, wenn Sie nüchtern sind!"

Drei Dachdecker machen Mittag. Der erste packt seine Stulle aus, guckt drauf und schmeißt es einfach runter: „Schon wieder Honig. Dass die Olle nie mal was anderes draufschmieren kann."
Darauf packt der zweite seine Stulle aus, guckt ebenso drauf und schmeißt es wie der erste einfach runter: „Käse! Ich kann Käse nicht mehr sehen! Das macht die Olle nur, um mich zu ärgern!"
Schließlich nimmt der dritte Dachdecker sein Brot und schmeißt es wie die beiden anderen runter, ohne es vorher auszupacken. Die beiden anderen sind verwundert: "Wieso wirfst Du dein Brot weg, ohne vorher nachzugucken?" "Schon wieder Salami. Ich hasse Salami!" "Woher willst Du denn wissen, dass es mit Salami belegt war?" "Na, wie sollte ich das denn nicht wissen, ich hab es mir doch heute Morgen selbst gemacht!"

"Sie haben eine sehr seltene, sehr ansteckende Krankheit. Wir müssen Sie auf die Isolierstation verlegen, und dort bekommen Sie nur Kartoffelpuffer und Spiegeleier zu essen." "Werde' ich davon denn wieder gesund?" "Nein, aber das ist das einzige, was sich unter der Tür durchschieben lässt."

Ein Taucher bemerkt in 9 Metern Tiefe einen anderen Taucher, der aber im Gegensatz zu ihm ohne Tauchausrüstung unterwegs ist. Er wundert sich und taucht 7 Meter tiefer. Kurz darauf erscheint wieder der andere Taucher ohne Ausrüstung. Er kann es kaum glauben und taucht noch einmal 5 Meter tiefer. Kurzes Warten, dann erscheint der andere erneut. Fassungslos nimmt er eine Schreibtafel und schreibt mit Kreide darauf: „ Wie schaffst du das nur, ohne Taucherausrüstung so lange in so große Tiefe zu tauchen?" Der andere nimmt die Tafel und schreibt mit letzter Kraft: "Ich ertrinke, du Idiot!"

In der Kneipe. Es ist kurz vor eins, an der Bar stehen nur noch der Wirt und die letzten Gäste. Da torkelt mit einem Mal ein Mann rein, den noch Niemand vorher gesehen hat und bestellt laut eine Flasche Champagner. Der Wirt lässt sich das Geschäft natürlich nicht entgehen. Der Mann lässt den Korken knallen und ruft: „Prosit Neujahr!" „Was soll denn der Blödsinn?", will der Wirt wissen, „es ist Ostern!" „Ostern? Oh verflucht, das gibt eine Menge Ärger. So lange habe ich noch nie gefeiert."

In der Apotheke. Ein Mann fragt: „Haben Sie Zucker?" Die Apothekerin verschwindet kurz nach hinten und holt Zucker. „Haben Sie auch einen Löffel?" Die Apothekerin geht wieder nach hinten und holt auch einen Löffel. Der Mann nimmt den Löffel, holt damit einen Löffel voll Zucker hervor, holt dann eine kleine Flasche aus der Jackentasche, aus der er vorsichtig 20 Tropfen auf den Zucker tröpfelt. „Probieren Sie mal!" fordert er die Apothekerin auf. Sie probiert den beträufelten Zucker und fragt: „Schön, und was soll das jetzt alles?" „Oh, mein Arzt hat mir gesagt, ich soll in die Apotheke gehen und meinen Urin auf Zucker testen.

Ein Verstorbener kommt in dem Himmel. Dort wird er von Petrus nach seinem Beruf gefragt. Er antwortet: "Arzt!" "Dann bitte zum Lieferanteneingang..."

Der Lehrer zur Klasse: „Was ist eine Scholle?" Der kleine Paul: „Ein sehr flacher Fisch." Lehrer: „Richtig, Paul. Und weißt du auch, warum er so flach ist?" Paul: „Klar, weil ein Wal mit ihm Sex gemacht hat." Der entsetzte Lehrer geht zur Rektorin. Beide kommen zurück und die Rektorin fragt Paul, warum er so einen Blödsinn erzählen würde. „Was soll ich machen, wenn der Lehrer die falschen Fragen stellt." „Was hätte er denn Fragen sollen?", hakt die Rektorin nach. „Warum die Kröte so große Augen hat?" antwortet Paul. „Und warum hat die Kröte so große Augen?" „Ist doch klar, die hat das alles gesehen."

Die blonde Sabine zieht auf der Party mit einem Mal ihre Bluse aus und zeigt Sven ihren beeindruckenden Busen. Ihre Freundin Meike zu ihrer Nachbarin: „Das sie aber auch jedes Mal wieder auf diesen blöden Trick hereinfällt! Man muss nur sagen, man könne sich gar nicht vorstellen, dass die wirklich echt seien, schon reißt sie sich die Klamotten herunter."

Der Arzt, zu einem dringenden Hausbesuch gerufen, wird an der Haustür von einer schluchzenden Frau empfangen: "Sie sind umsonst gekommen, Herr Doktor!" - "Nicht umsonst, nur vergebens!"

Patient: "Sagen Sie mir die Wahrheit, Herr Doktor: Ist meine Krankheit SEHR schlimm?" "Was heißt schlimm? Sagen wir es mal so: Wenn ich sie heile, werde ich weltberühmt..."
Ein Mann geht in eine Bar und bestellt ein Bier. Als er gehen will fragt er den Kellner was er bekommt. Er antwortet: "2 Euro 90". Der Mann greift in die Tasche, holt 290 Centstücke aus und schmeißt sie auf den Boden. Die Kellner ist ziemlich verärgert, denkt sich aber „na warte, dich kriege ich noch". Am nächsten Tag bestellt er sich wieder ein Bier und als es ans Bezahlen geht legt er dem Kellner einen 5 Euro Schein hin. Der freut sich, holt 210 Centstücke aus der Kasse wirft sie auf den Boden und sagt: „Bitteschön, Ihr Restgeld". Der Mann packt seelenruhig 80 Cent aus, schmeißt sie dazu und sagt: "Bitte noch ein Bier!"

Sagt ein Arzt zu seinem Patienten: "Ich habe eine gute und eine schlechte Nachricht für Sie. Die gute ist: Sie haben eine extrem gefährliche Krankheit, die man nur 24 Stunden überlebt!" Patient: "Oh mein Gott! Und was ist dann die schlechte?" Arzt: "Die schlechte ist: Ich versuche, Sie seit gestern zu erreichen."

Drei Motoradfahrer kommen in den Himmel zu Petrus, ein Suzuki, ein Kawasaki- und ein Harley-Davidson-Fahrer. Petrus zum Suzuki-Fahrer: "Du bist immer zu schnell gefahren und hast rote Ampeln überfahren. Damit hast du dich nicht für den Himmel bewährt und musst in die Hölle." Schluchzen und Jammern. Dann wendet sich Petrus an den Kawasaki-Fahrer: "Du warst auch nicht besser, immer zu schnell gefahren, einfach über rote Ampeln drüber, da kann ich dich nicht in den Himmel lassen, auch du musst in die Hölle."
Auch hier ist das Wehleiden groß. Zuletzt wendet sich Petrus an den Harley-Davidson-Fahrer, der schon die Hände gehoben hat und gerade zu einer langen Verteidigungsrede anhebt:
"Sag nichts, du darfst natürlich rein, du hast die Hölle ja schon hinter dir."

Eine Gruppe Jungen und eine Gruppe Mädchen stehen gemeinsam vorm Fahrkartenschalter. Die Jungen kaufen sich alle eine Fahrkarte nach Berlin, die Mädchen nur eine einzige, sehr zur Verwunderung der Jungs. Später im Zug kommt der Schaffner. Sofort rennen alle Mädchen auf die Toilette, der Schaffner klopft an der Tür, durch den Schlitz wird die Fahrkarte geschoben und gestempelt, alles ok. Die Jungs staunen...
Auf der Rückfahrt kaufen jetzt die Jungen eine Fahrkarte, da sie ja lernfähig sind, die Mädchen kaufen ... gar keine. Plötzlich der Ruf: "Achtung der Schaffner!", alle Jungen flitzen gemeinsam auf die Toilette. Ein Mädchen geht lässig zur Toilettenkabine, klopft an die Tür und sagt: "Schönen Guten Tag, die Fahrkarte bitte."

"Herr Doktor, ist das eine seltene Krankheit die ich habe?"
"Blödsinn, die Friedhöfe sind voll davon!"

Der Arzt wird mitten in der Nacht gerufen. Er untersucht den Patienten: " Haben Sie schon Ihr Testament gemacht?" Nein, Herr Doktor, ist es denn wirklich so schlimm?" "Lassen Sie einen Notar kommen und rufen Sie sofort Ihre nächsten Verwandten!" Heißt das, dass es mit mir zu Ende geht?" "Das nicht, aber ich will nicht der einzige sein, der mitten in der Nacht sinnlos aus dem Bett geholt wird."

Ein Motorradfahrer steigt auf sein Motorrad, Helm auf, Visier runter und los geht's. Zur gleichen Zeit: Ein Spatz springt aus seinem Nest und fliegt das erste Mal los. KABUMM! Motoradfahrer und Spatz stoßen zusammen. Der Spatz liegt betäubt auf der Erde. Behutsam hebt der Motorradfahrer den Spatz auf, bringt ihn zu sich nach Hause, steckt ihn in einen Vogelkäfig, schüttet noch ein paar Brotkrümel rein und stellt eine Schale mit frischem Wasser hin. Einige Zeit später wacht der Spatz wieder auf: "Was sehe ich? Gitterstäbe? Wasser und Brot? Oh verfluchte Scheiße, ich habe den Motorradfahrer getötet!"

Kommt ein Mädchen freudestrahlend von der Schule nach Hause und erzählt: "Mama, wir haben heute zählen gelernt, die anderen können nur bis 3, aber ich kann schon bis 10" "Das ist ja schön", sagt die Mutter. "Ist das wohl, weil ich blond bin?" fragt das Mädchen. "Ja Kind, das ist weil Du blond bist" antwortet die Mutter. Am nächsten Tag kommt das Mädchen wieder von der Schule und erzählt freudestrahlend: "Heute haben wir das Alphabet gelernt. Die anderen können nur von A - C, aber ich kann schon von A - Z" "Das ist wirklich toll", sagt die Mutter." "Ist das wohl, weil ich blond bin?" fragt das Mädchen. "Ja Kind, das ist weil Du blond bist" antwortet die Mutter. Am folgenden Tag kommt das Mädchen wieder freudestrahlend von der Schule und erzählt: "Wir waren heute schwimmen, die anderen haben noch gar keine Brüste und ich habe schon so große" und zeigt auf Ihre Doppel-D. "Ja" sagt die Mutter. "Ist das wohl weil ich blond bin?" fragt das Mädchen. "Nein, Kind", antwortet die Mutter, "das ist so, weil Du schon 23 bist!"

Der junge Scheich betrachtet durch die Glaswand die Babys auf der Entbindungsstation. Fragt die Schwester: "Hoheit, welches ist Ihr Kind?" "Die ersten zwei Reihen."

Thomas verheirateter Mann und Anette beide verheiratet, aber NICHT miteinander, werden auf einer Reise in den österreichischen Alpen von einem schweren Schneesturm überrascht. Sie können sich jedoch bis zu einer Hütte vorkämpfen. Dort angekommen bereiten sie sich auf eine Übernachtung vor. Immerhin gibt es einen Schrank voll Decken, zwei Schlafsäcke, allerdings nur ein Bett. Als Gentleman weiß Thomas natürlich, was sich gehört und sagt: "Annette, schlafen Sie im Bett. Ich nehme den Schlafsack." Gerade hat Thomas den Reißverschluss des Schlafsackes zugezogen und die Augen geschlossen, da tönt es aus dem Bett: "Thomas, mir ist kalt." Thomas befreit sich aus dem Schlafsack, greift eine Decke und breitet sie über Annette aus. Dann mummelt er sich zum zweiten Mal in den Schlafsack und beginnt, wieder in das Reich der Träume zu gleiten. Nochmals ist zu hören: "Thomas, mir ist immer noch kalt." Das gleiche Spiel: Thomas kriecht aus dem Schlafsack, breitet eine weitere Decke über Annette aus und legt sich wiederschlafen. Gerade hat er die Augen geschlossen, da sagt sie: "Thomas, mir ist ja immer noch so kalt." Dieses Mal bleibt Thomas wo er war und antwortet: "Annette, ich habe eine Idee. Wir sind hier oben von jeglichem Kontakt abgeschnitten, niemand wird jemals erfahren, was sich heute Nacht hier abgespielt hat!" Er grinst schelmisch und fügt hinzu: "Wir können doch einfach so tun, als wären wir miteinander verheiratet." Annette hat insgeheim darauf gewartet und haucht: "Oh ja, das wäre schön." Darauf brüllt Thomas: "Dann steh' gefälligst auf und hol Dir Deine Scheiß-Decke selbst."

Ernährungsbewusste Patientin: "Sind Fische gesund, Herr Doktor?" "Ich glaube schon, bei mir war jedenfalls noch keiner in Behandlung."

Sitzen vier Ärzte beim Stammtisch. Steht der Augenarzt auf und sagt: "Ich gehe jetzt. Man sieht sich". Sagt der HNO-Arzt:" Ich komm mit. Wir hören voneinander". Sagt der Urologe: "Ich glaub, ich verpiss mich auch". Sagt der Frauenarzt: "Grüßet eure Frauen. Ich schau mal wieder rein".

Zwei Männer sitzen nervös im Wartezimmer der Entbindungsstation eines Krankenhauses. Endlich kommt eine Schwester und geht auf einen von ihnen zu. "Ich gratuliere Ihnen, Sie haben einen Sohn bekommen!" Darauf erhebt sich der andere und meint: "Entschuldigen Sie bitte, aber ich war vor ihm hier."

Eine Frau bringt im Aufzug der Frauenklinik ein Baby zur Welt. Sie schämt sich so sehr und fängt an zu weinen. Ein Arzt will sie trösten und sagt: "Ach wissen Sie, das ist ja gar nichts. Letztes Jahr war da eine Frau, die hat ihr Baby am Haupteingang geboren." "Das war ich doch auch."

Eine sehr attraktive junge Dame kommt in die Apotheke und sieht in der Ecke eine Waage stehen. Sie verlangt einen Groschen, wiegt sich und schreit entsetzt auf. Rasch verlangt sie noch einen Groschen, legt Mantel und Hut ab und wiegt sich von neuem. Sie zieht Schuhe und Pullover aus, nimmt den nächsten Groschen und betritt abermals die Waage. Da kommt der Apotheker, stellt sich neben sie und sagt: "Machen sie nur weiter, schönes Fräulein, ab jetzt geht es auf Kosten des Hauses."

Thema Übergewicht. "Halten Sie sich strikt an die Diät, Frau Müller - und in ein paar Monaten möchte ich drei Viertel von Ihnen zur Nachuntersuchung wiedersehen."

Wussten sie ....dass Fellatio die angenehmste Art ist, Frauen den Mund zu stopfen.

Beim Hausarzt: ". . . Junge, Junge, Sie haben aber ganz schönes Übergewicht bekommen. Das wird ja immer schlimmer!?!" "Stimmt! Für mein Gewicht müsste ich 2 Meter 10 groß sein. Aber ich kann essen und essen - essen, was ich will - ich werde einfach nicht grösser!!!"

"Lesen Sie mal die Zahlen da vor! "Welche Zahlen? "Na, die an der Tafel da. "Welche Tafel? "Die an der Wand hängt! "Welche Wand? "Mein Herr, Sie brauchen keine Brille, Sie brauchen einen Blindenhund. "Was soll ich denn mit einem blinden Hund?"

Ein Mann mit einem Glasauge geht zum Arzt und fragt, ob man ihm nicht operativ wieder zu zwei sehenden Augen verhelfen könnte. Der Arzt antwortet, das ginge schon, aber er müsste ein Spenderauge finden, das quasi ganz frisch, also von einem gerade Verstorbenen wäre. Der Mann fährt nach Hause und auf dem Rückweg wird er von einem rasant fahrenden Porschefahrer überholt. Ein paar Kilometer weiter sieht er den Porschefahrer tödlich verunglückt im Straßengraben liegen. Mann, denkt er, das ist doch die Gelegenheit. Der Mann ist tot und ich käme zu meinem Auge. Rasch schaut er sich um, nimmt dem Toten ein Auge raus, setzt ihm sein Glasauge ein und fährt wieder zurück zum Arzt. Der Arzt operiert ihm auch sofort das Auge ein. Am nächsten Tag kommt der Arzt ins Krankenzimmer, um den Verband abzunehmen und sagt zu dem Mann: "Ich habe Ihnen auch eine Zeitung mitgebracht, damit wir direkt prüfen können, ob die Operation erfolgreich war." Der Mann schlägt die Zeitung auf und das erste, was er liest ist folgende Überschrift: "Polizei steht vor einem Rätsel. Gestern Nacht wurde am Rande der B 57 ein tödlich verunglückter Porschefahrer mit zwei Glasaugen gefunden."

Der Augenarzt nach der Untersuchung: "Wie haben Sie eigentlich hierher gefunden?"
Sagt der Patient: "Herr Doktor, ich sehe alles doppelt!" - "Dann drücken sie ein Auge zu!"

"Herr Doktor lassen Sie mich heimgehen. Ich bin jetzt schon zehn Jahre auf der Psychiatrie, quak." - "Seien Sie nicht so ungeduldig und nehmen Sie sich ein Beispiel an mir. Ich bin schon dreißig Jahre hier und beschwere mich überhaupt nicht, quak quak."
Psychiater: "Gratuliere! Ich habe Sie von Ihrem Wahn geheilt."
Der Ex-Patient kläglich: "Was gibt`s denn da zu gratulieren? Gestern war ich Napoleon, heute bin ich nur noch ein Nobody..."

Kommt ein Mann zum Psychiater und sagt: "Herr Doktor, Herr Doktor, ich kann in die Zukunft schauen." Der Arzt fragt: "Wann hat das angefangen?" "Nächsten Donnerstag..."
Nach der dritten Sitzung beim Psychologen fragt dieser seinen Patienten: "Na, wie sieht es nun mit Ihren Minderwertigkeitskomplexen aus?" "Prima", antwortet sein Patient, "Sie sind vollkommen verschwunden. Das habe ich wirklich nur Ihnen zu verdanken, Sie fette, miese Schwuchtel..."

Behandlungszimmer in der Psychiatrischen Anstalt. Arzt und Patient befinden sich drinnen. Welcher der beiden ist der Psychiater? - Der, der den Schlüssel hat.

Herr Huber kommt zum Psychiater. "Ihre Frau hat mich schon angerufen", sagt er. "Sie sind doch der Mann, der sich einbildet, Napoleon zu sein, nicht wahr?" - "Nein", erwidert Herr Huber, "Ich komme wegen meiner Frau. Sie glaubt, ich sei Franz Huber!"

Der Psychiater zeichnet einen senkrechten Strich: "Woran denken Sie dabei?" - "An nackte Weiber", antwortet der Mann. Der Psychiater zeichnet einen Kreis. "Und woran denken sie hierbei?" - "An nackte Weiber!", antwortet der Mann. Der Psychiater zeichnet einen Stern. "Und dabei?" - "An nackte Weiber natürlich." Der Psychiater legt den Bleistift aus der Hand. "Ich habe den Eindruck, nackte Frauen sind eine fixe Idee bei ihnen." - "Bei mir? Wer hat denn das ganze obszöne Zeug gemalt?!"

"Herr Doktor, ich denke immer, dass ich ein Hund bin" - "So, dann legen Sie sich mal auf die Couch." - "Ich darf nicht auf die Couch."

Wie viel Psychologen braucht man, um eine Glühbirne einzuschrauben? Nur einen - die Glühbirne muss aber auch wirklich wollen!

Sagt die Lehrerin: "Lerne bis morgen 4 Sätze, Fritz!" Fritz geht nach Hause und sagt zum Vater: "Papi, ich muss für die Schule 4 Sätze lernen!" Da sagt der Vater: "Die Lehrer sind dümmer als ich, die Lehrer sind dümmer als ich." Fritz geht zu seiner Mami und sagt ihr ebenfalls, dass er 4 Sätze lernen muss. Die Mutter antwortet: "Ich bin der Superman, ich bin der Superman." Fritz geht zur Schwester und fragt dasselbe, da sagt die Schwester: "Oh Baby, tu das nicht, oh Baby, tu das nicht." Und zuletzt geht Fritz zur Großmutter und sagt dasselbe, und die Großmutter antwortet: "Sie sind ein Ferkel, Sie sind ein Ferkel." Am nächsten Tag geht Fritz in die Schule. Da sagt die Lehrerin: "Also Fritz, wie heißen deine 4 Sätze?" Fritz: "Die Lehrer sind dümmer als ich, die Lehrer sind dümmer als ich." Die Lehrerin: "Also nein, wer bist du eigentlich?" Fritz: "Ich bin der Superman, ich bin der Superman." Die Lehrerin: "Fritz, jetzt gehe ich zum Direktor." Fritz: "Oh Baby, tu das nicht, oh Baby, tu das nicht." Lehrerin: "Fritz, weißt du wer ich bin?" Fritz: "Sie sind ein Ferkel, Sie sind ein Ferkel."

Drei Kinder wetten, wer den kleinsten Papa hat. Da sagt das eine: "Bringen wir ihn doch alle mal mit!" Der Papa vom ersten Kind kann unter dem Tisch umher gehen, ohne sich zu bücken. Der Papa vom zweiten Kind kann unter einem Stuhl umher gehen, ohne sich zu bücken. Das dritte Kind ist ohne Papa gekommen. "Wo ist denn dein Papa?", fragen die anderen zwei. "Er konnte nicht kommen. Er hat sich ein Bein gebrochen, als er beim Erdbeeren pflücken von der Leiter gefallen ist!"

Zwei Herren bestellen im Restaurant den Wirt an ihren Tisch. "Bitte bringen Sie uns die beste Flasche Rotwein, die sie im Keller haben! Wir haben einen Grund zum Feiern." Die Flasche kommt, mit einer Staubschicht bedeckt und gediegen im Körbchen liegend. Der Wirt schenkt persönlich ein. "1890", sagt er bedeutungsvoll. "Wahnsinnig", sagt der Gast zum anderen, "hast du diesen Jahrgang gehört?" "Moment", sagt der Wirt, "das ist nicht der Jahrgang, sondern der Preis!"

Der Papst und Casanova sind gestorben. Der Papst kommt in die Hölle und Casanova in den Himmel, worüber sich der Papst fürchterlich aufregt und Revision einlegt. Tatsächlich stellt sich heraus, dass es zu einer Verwechselung gekommen ist und am nächsten Tag wird ein Tausch durchgeführt. Der Papst steigt die Himmelleiter hinauf, und auf halbem Weg trifft er Casanova, der nun in die Hölle muss. Sagt der Papst zu Casanova: "Tut mir leid, dass du nun in die Hölle musst, aber du siehst sicher ein, dass ich als Stellvertreter Christi auf Erden endlich meinen Chef sehen möchte. Und die Jungfrau Maria wollte ich auch schon immer kennenlernen." Sagt Casanova: "Da kommst Du leider 5 Minuten-zu-spät."

Eine junge Nonne fährt per Anhalter. Der Fahrer findet sie sehr sexy und nähert seine Hand ihrem Knie. Da flüstert die Nonne: "Psalm 90, Vers 5!" Verstört hält der Fahrer inne. Zuhause schlägt er in der Bibel nach und liest: "Du bist auf dem richtigen Weg."

Ein Mann geht mit seiner Tochter zum FKK Strand. Dann fragt die Tochter Papa was hast du da unten. Er sagt „das ist meine Ente, das sind die Eier, und außen rum ist ein Nest." Dann schläft der Papa ein und wacht nach einer Stunde wieder auf. „Tochter was hast du gemacht?" Sie sagt "Ich habe mit der Ente gespielt dann wurde sie ganz dick hat mich angespuckt, dann habe ich ihr den Hals umgedreht die Eier zerbrochen und das Nest angezündet!"

Im Wartezimmer beim Frauenarzt sagt die junge Patientin zur dicken Jutta: „Gehen sie ruhig vor mir rein, dann hat der Doktor bei mir wenigstens warme Finger!"

Warum lecken Blondinen immer an ihrer Uhr? Weil sie gehört haben, dass Tic Tac nur zwei Kalorien hat.

Warum fahren Ostfriesen immer mit einem Messer Auto? Damit sie die Kurven besser schneiden können!

Mutti, ich habe gesehen, was Papa mit der Nachbarin gemacht hat. Zuerst hat er sie ausgezogen, dann hat sie seine Hose aufgemacht, dann hat er sie geküsst und dann..." "Ich hab jetzt keine Zeit", unterbricht sie ihn, "das kannst du nachher alles auf Papas Geburtstagsfeier erzählen. „Als die Gäste versammelt sind, legt Max los: "Papa war vorhin bei der Nachbarin. Zuerst hat er sie aus-gezogen, dann hat sie seine Hose aufgemacht, dann hat er sie geküsst und dann ... äh, Mutti, wie heißt das Ding, das du immer in den Mund nimmst, wenn Onkel Erwin zu Besuch kommt?"

Der Großvater ist gestorben Die Enkelin fragt nun die Großmutter, aus welchem tragischen Grund der Opa gestorben sei. Die Großmutter offenbart nun der Enkelin: "Tja, meine Kleine, der Opa ist beim Sonntag-Morgen-Sex gestorben." Die Enkelin völlig entsetzt: "Was, in euerm Alter habt ihr noch Sex? "Darauf die Oma: "Ja, ja. Sonntagmorgens war immer recht gut, immer im Rhythmus des Glockenschlages. Beim Ding rein und beim Dong wieder raus." Die Enkelin kann es nicht glauben und fragt erneut nach. Darauf wieder die Großmutter: "Ja, ja, wie schon gesagt, beim Ding rein und beim Dong wieder raus, und wenn dieser beschissene Eiswagen mit seinem blöden Gebimmel nicht gewesen wäre, dann wär der Opa noch am Leben."

Ein Mann kommt nach Hause und hört beunruhigende Stöhn Geräusche aus dem Zimmer seiner Tochter. Als er zur Tür herein schaut, muss er feststellen, dass sich die Tochter mit einer Banane befriedigt. Am nächsten Tag bindet er die Banane an ein Seil und zieht sie durch die Wohnung, als die Tochter das sieht, wird sie knallrot. Die Mutter bemerkt dies und fragt, was denn eigentlich los sei. Darauf der Mann: "Ich zeige unserem Schwiegersohn das Haus."

Am Samstagmorgen, der Vater hat unheimlich Lust seine Frau zu vernaschen, aber was soll in der Zeit mit dem achtjährigen Sohn passieren? Kurzerhand schickt er diesen auf den Balkon: "Schau mal was so los ist, und erzähle es uns". Vati ist mit Mutti schon schwer am rödeln als die Stimme des Kleinen vom Balkon tönt: "Müllers haben sich ein neues Auto gekauft, einen Golf!" Der Vater keucht: "Super, beobachte weiter" .Zwei Minuten später, vom Balkon: "Meiers bekommen gerade Besuch aus Frankfurt". Der Vater keucht wieder: "OK, beobachte weiter". Weitere drei Minuten später: "Schmidts bumsen gerade. „Der Vater springt erschrocken von der Mutter: "Wie kommst du denn darauf?" Kommst von draußen: "Sie haben ihren Sohn auf den Balkon geschickt."

Kommt ein Mann in eine Arztpraxis sieht, dass das Wartezimmer brechend voll ist." Prima", sagt er und geht wieder. Am nächsten Tag wieder: Das Wartezimmer ist voll und er: "Klasse!" und geht wieder. Das wiederholt sich einige Tage. Der Arzt bekommt das mit und wundert sich. Er bittet seine Sprechstundenhilfe, doch dem Mann mal nachzufahren. Am darauffolgenden Tag:" „Und, sind Sie ihm nachgefahren?" -"Ja." - "Und wohin?" "Er fuhr zu einem Hochhaus." "Ja und dann?" - "Dann ging er in den Aufzug." "Und dann?" "Dann fuhr er in den 3. Stock."- "Und dann?" "Dann klingelte er an einer Tür."- "Und dann?"- "Dann machte ihm eine Frau auf." "Ja und dann?" "Dann sagte er ihr: Liebling, wir können noch mal. Dein Mann ist noch beschäftigt!"

Frage einen Schwulen nach den Namen von 4 Flüssen und du wirst immer die gleiche Antwort bekommen: Rhein, Inn, Main, Po!
Notizen